JN410136

나그네의 가을걷이

이범찬 수필집

교음사

작가의 말

겨울 나그네의 몸부림

나는 늙마에 문단을 두드린 어설픈 늦깎이 작가다. 고희를 훨씬 넘긴 저물녘에 첫 작품을 내었으니 일찍 등단한 선배님들보다 더 열심히 글공부를 해야겠다고 발버둥을 쳤다. 찾아보니 그동안 200여 편의 수필을 썼으나, 하나같이 신통치 않은 글들이다. 그나마 여기저기 흩어져 있으니 몇 편이라도 골라서 한데 묶어놓고 싶은 욕심이 생기니 어쩌랴. 구순의 산마루를 숨 가쁘게 오르는 겨울 나그네의 여로에 또 하나의 이정표를 세워본다.

기존에 발표한 것 중에서 골라낸 32편과 최근에 쓴 작품 23편을 섞어서 1부에서 5부까지 나누어 실었다.

독자 여러분이 애정 어린 눈으로 보아주시고, 거리낌 없는 비판과 편달을 보내주신다면 더 없는 기쁨이요, 큰 힘이 되겠다. 끝으로 어려운 경제적 여건에도 불구하고 이 수필집의 발간을 흔쾌히 맡아주신 교음사 여러분에게도 깊은 감사를 드린다.

2021년 8월 이범찬

1. 축복의 땅 삼천리

2. 낯선 땅 구만리

3. 저물녘의 오솔길

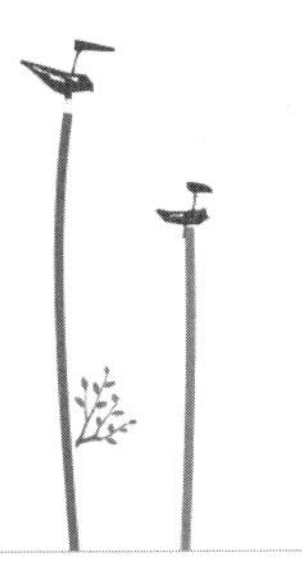

4. 노을의 향연

5. 길손의 외침

1

축복의 땅 삼천리

꽃동네

– 우리 동네 이야기

이른 아침부터 시작하여 매일 다섯 번씩 공원을 돌아오는 것이 나의 일과다. 코로나19가 퍼졌으니 사회적 거리두기를 지키기 위해서만은 아니다. 다리가 무거워져서 15분 이상 걷기조차 어려운 처지가 되었으니 어쩌랴. '울긋불긋 꽃대궐 차리인 동네', 홍난파가 작곡한 「고향의 봄」을 흥얼거릴 때면, 어린 날의 고향보다 아름다운 꽃동네에서 산다는 행복감에 젖어든다.

대문만 나서면 넓은 골목길이 빌라 단지를 곧게 갈라놓아 우면산 자락이 한눈에 들어온다. 집집마다 정원수가 가득 들어섰고, 영춘화가 담장에 늘어져 봄볕을 즐긴다. '방아다리근린공원'에 노란 산수유꽃이 만발하면 담장 안의 백목련이 해맑은 미소를 보내고, 공원 옆 '양정빌라'의 뜰에는 탐스러운 진달래가 수줍어 얼굴을 붉힌다. 몇 발짝 안 가서 우회전을 하면 왼편의 우면산 숲속에서 엉성하게 자란 진달래가 꽃잎을 날리고, 길가의 개나리들이 노란 등불을 달고 줄지어 기다린다. 부지런한 산새들은 떼를 지어 나뭇가지를 옮겨 다니며 짹짹댄다.

뒤질세라, '온누리교회'로 이어진 길 양쪽에 심은 벚꽃이 활짝 피어나면 꽃동네의 봄은 절정을 이룬다. 멀리 여의도 윤중제까지 벚꽃 구경을 갈 필요가 없다. 공원 풀밭에 앙증맞은 민들레꽃이 벌어질 때면 시원한 바람결에 라일락 향기가 내 가슴으로 스며든다. 벚꽃 잎이 날려 길 위에 연분홍으로 수를 놓으면 '신동아빌라' 담장의 탐스러운 철쭉꽃 무리가 솟아나는 푸른 잎에게 바통을 넘기니 꽃동네는 활기를 되찾는다.

이렇듯 아름다운 동네가 강남의 한복판, 그것도 초역세권에 자리한다니 이 또한 큰 자랑이 아닌가. 강남대로와 3호선 신분당선이 교차하는 양재역이 10여 분 거리에 있고 서초구청, 행정법원, 가정법원, 서초문화예술회관, 스포츠센터까지 줄지어 들어섰으니 편리하기 이를 데 없다. 내가 이곳에 터를 잡은 지도 어언 반백 년이 흘렀다. 강산이 몇 번 바뀌었으니 이제는 나도 말죽거리 터줏대감이 된 셈이다.

30대 초반 이화여자대학에 근무할 때다. 경역학과의 한(韓) 교수를 따라 말죽거리를 찾아왔다. 한강에 다리라곤 제1한강교밖에 없었으니, 흑석동으로 돌아 벌판길을 달렸던 기억이 새롭다.

복덕방 영감의 안내로 우면산 끝자락으로 올라갔다. 지금의 서초구청 뒷산이다. 사방을 가리키며 말죽거리의 사연을 늘어놓았다.

이 동네는 한양의 관문이라 삼남지방의 과객은 이곳에서 밤을 지내고 말에 죽을 먹여서 말죽거리란 이름이 붙었단다. 한 교수는 북쪽에 있는 대지를 샀고, 나는 돈이 없어 남쪽의 논을 소개받았다. 산 위에서 바라다보니 허허벌판이 장차 훌륭한 주택가로 개발이 될 듯싶었다.

우면산 능선이 아늑하게 품었고, 논 남쪽으로 양재천이 흐르며, 멀리 구룡산과 청계산이 감싸고 있으니, 배산임수(背山臨水)의 지형에 명당자리라고 얼치기 풍수설을 늘어놓는다. 양재동이란 이름도 좋으니 장차 훌륭한 인재가 나올 것이라고 수다를 떨어댔다.

나는 여주의 논을 평당 350원에 팔아서 양재동의 논을 평당 1,720원에 샀다. 교수가 되었으니 고향에 내려가 농사를 지을 수는 없을 터, 서울에서 임대료를 받아 식량에 보태라는 부모님의 배려 덕분이다.

호사다마라 했던가. 얼마 후에 개발할 것이란 풍문이 돌더니, 부동산 투기억제세제가 나오고, 뒤이어 이 지역을 군사보호지역으로 묶었다고 하지 않는가. 거래도 끊기고, 논의 임차인은 첫해만 쌀 한 가마를 주고는 떼먹고 마니, 싸울 수도 없어 체념하고 말았다.

그 후 몇 해가 지나자 갑자기 규제가 풀리며 구획정리가 시행되었다. 그 정보를 미리 알아낸 자가 찾아와 수용당할 것이니 팔라고 졸라댔다. 공정한 시세도 알 수 없으려니와 그동안의 고초를 생각해서도 단연 거절했다. 전(全) 대통령이 사저를 지으려 계획했다가, 여론이 좋지 않아 집터를 땅 주인에게 되돌려주었다는 후문이다. 그래서 그 제일 좋은 자리에 '온누리교회'가 들어서게 되었고 아름다운 꽃동네가 형성되었다.

그러나 김영삼 정부가 들어서며 어설픈 토지 공개념에 사로잡혀 모든 나대지에는 공한지세를 부과하고 현금이 없어 체납을 하면 현물로 납부해야 한다지 않는가. 몇 해만 현물로 납세를 하면 대지 자체가 날아갈 지경이니 무리한 건축을 했다. 공한지세는 면했지만 건축비 관계로 강제집행을 당하게 되었다. 도리없이 강제집행을 면하노라 연금까지 일시불로 받아 은행 빚을 갚고 말았다.

하늘이 무너져도 솟아날 구멍이 있다고 했던가. 우여곡절 끝에 오랫동안 고난의 행군을 하긴 했으나 늙마에 인생의 봄날을 맞게 되었다. 요새 LH투기사태가 물의를 일으키게 되니, 막내아들이 한마디 한다. 우리 아버지는 일생일대 현명한 농지 투자를 했다고.

반백 년 전 찾아온 들판 속의 말죽거리
한양 찾는 길손들 하룻밤 묵어간 곳
강산도 변한다지만 상상인들 했으랴

배산임수 명당자리 꽃대궐 차린 동네
철길 큰길 가로질러 아름답고 편안해
봄꽃들 황홀도 하여 떠날 수가 없노라

(2021. 4. 16.)

신라문화의 흔적

천 년의 고도 서라벌을 찾는다기에 1박 2일의 나들잇길에 따라나섰다. 문화유산사랑회의 행사 날에는 한 번도 비를 맞은 일이 없었기에 남녘에는 비를 뿌린다는 예보를 걱정하지 않았는데, 이번에는 김 회장의 기도발도 먹히지 않아 돌아올 때까지 겨울비가 줄기차게 내렸으니….

백률사를 찾아

몇 번이나 둘러본 석굴암보다도 백률사(栢栗寺)의 사연에 마음이 쏠린다. 법흥왕(法興王) 14년(527)에 이차돈의 순교를 계기로 불교가 국교로 보급되었는데, 믿기지 않는 이차돈의 설화가 기록으로 남아 있어 흥미롭다.

이차돈이 죽기 전에 이변이 일어날 것이라고 했는데, 목을 치니 흰 피가 한 길이나 솟구쳤고, 목이 날라 북산에 떨어졌다지 않는가. 그 현장이 바로 소금강산인데, 부인이 산중턱의 목 떨어진 자리에 세운 자추사(刺楸寺)가 오늘의 백률사란다.

높은 산은 아니지만 가팔라서 7, 8학년의 몇 사람은 절에서 보내준 차를 타고 올라갔다. 앞면 3칸의 맞배지붕으로 지은 대웅전을 중심으로 삼성각(三聖閣), 작은 요사채와 그 옆에 붙어 있는 범종각(梵鍾閣)으로 이루어진 아담한 사찰이다.

탑을 앉힐 자리도 없었던지 대웅전 앞의 암벽에 탑을 새겨 놓았을 뿐이다. 후에 출토된 이차돈순교비와 금동약사여래입상(金銅藥師如來立像, 국보 29호)은 경주박물관으로 옮겨졌다.

소금강산 중턱에 자리 잡은 천 년 고찰
석탑 앉힐 터도 없어 암벽에 그림 파고
이차돈 기릴 길 없어 금동 불상 모셨네

다른 회원들은 대웅전에 들어가 참배를 하는 동안에 나는 멀리 떨어져 있는 해우소를 들렀다. 다시 올라가기도 힘들고, 십여분 거리의 하산길이니 홀로 내려가기로 했다. 그러나 내 체력을 과신한 오판이었으니 누구를 탓하랴. 비탈 길바닥에 매끄러운 강돌을 박아놓았는데 그 위에 빗물이 덮이니 미끄럽기 이를 데 없다. 난간의 밧줄을 붙잡고 한 발 한 발 떼어놓자니 온몸의 힘이 종아리로 쏠린다. 간신히 내려와 한숨을 내쉴 때는 다리가 후들후들 발걸음을 옮길 수 없지 않은가. 버스에 몸을 싣고 박물관을 갔을 때는 다리가 아파 관람마저 포기하고 버스 안에서 쉬고 있었으니, 후회막급이다.

백률사의 사연만 듣고 가장 볼만한 금동약사여래입상과 이차돈순교비는 못 보고 돌아왔으니 언젠가는 다시 가보아야 하지 않겠는가.

대왕암을 바라보며

경주 일원에는 많은 문화유산이 널려 있다. 그러나 나는 세계 역사상 유일한 해중릉(海中陵, 사적 158호)이라는 대왕암(大王岩)이 궁금했다. 시내를 벗어나 얼마쯤 달렸을까. 울진 가까이 동해 바다를 안고 있는 양북면 봉걸리를 찾아갔다.

삼국통일의 위업을 달성한 문무대왕이라면 얼마든지 크게 화려한 왕릉을 만들 수도 있었을 것이다. 그러나 대왕은 대왕답게 비범한 유지를 남겼다. 왕릉의 창건과 관리에 많은 비용이 들뿐만 아니라, 자기는 죽어서도 용이 되어 동해로 들어오는 왜구들을 막아주어야 하겠다는 깊은 뜻에서 바닷속 바위틈에 수장해 달라 했으니 생각만 해도 가슴이 뭉클해진다.

왕위를 이어받은 신문왕(神文王)은 호국용이 된 부왕을 위하여

감은사(感恩寺)를 창건하고, 이어서 문무왕의 혼이 깃든 대왕암이 바라다보이는 언덕에 이견대(利見臺)를 세웠다. 이 이견대는 후에 소실되었으나, 1970년에 다시 이견정(利見亭)을 지어놓았다. 이견정 앞뜰에서 대왕암을 바라보며 감회를 적어본다.

서라벌 옛터에는 왕의 무덤 크기도 해
오래오래 쓰라고 온갖 보배 묻었거니
천 년을 지켜보아도 허망한 꿈이라네

천하를 통일하고 미련 없이 떠나간 님
바닷속 용왕되어 동녘 바다 지키려니
그 큰 뜻 잊힐 리 없어 길이길이 빛나리

(2020. 5. 3.)

어버이날의 단상

화사한 봄꽃이 마음을 들뜨게 했을 희망의 달이 어쩌다 공포와 절망으로 가득 찬 잔인한 4월이 되었다. 코로나19라는 미물 앞에 온 세상이 벌벌 떨고, 집 안에 갇히는 '집콕' 신세가 되었으니 참으로 기가 차다. 싱그러운 계절 5월에 어린이날 어버이날이 돌아와도 답답하고 우울하기는 마찬가지다. 매일 와주던 가사도우미마저 친상을 당해 며칠 쉬게 되었으니 어쩌랴.

가까이서 집안일을 돌봐주던 막내아들이 갑자기 긴급제안을 해왔다. 2박 3일의 강원도 나들이가 어떻겠냐고. 숙박 사정만 해결된다면 생각해 볼 여지도 없지 않은가. 대개 연휴를 즐기고 5일에는 돌아오기 때문에 예약이 가능하다고 한다. 어버이날 일찍 귀경해서 다른 식구들과 함께 회식을 하기로 하고 즉시 출발을 했다.

정년퇴직을 한 후로 동해 쪽 가족나들이는 처음이니 참으로 감회가 새롭다. 날렵한 막내아들 덕에 호강한다고 들뜬 엄마는 수없이 되풀이한다.

서울에서 양양까지 뚫린 고속도로를 달려보기는 나도 처음이니 격세지감을 느낀다. 남양주 톨게이트를 빠져나가니 월문 터널 3개를 비롯해 수없이 많은 굴속을 달리게 된다. 하늘을 보나 하면 다시 어둠 속으로 들어가니 터널관광인 셈이다. 하도 많아 돌아오는 길에 세어 보니 무려 71개나 된다.

특히 백두대간을 꿰뚫는 인제터널은 굽이굽이 돌아가는 장장 11킬로의 걸작품이다. 우리나라 제일의 도로터널이며 세계 11번째로 긴 터널이라 하는데, 서울을 찾은 외국인을 위해서도 1일 관광 상품으로 권장했으면 좋겠다는 생각도 해보았다.

속초의 대포항에서 푸짐한 해물 요리로 배를 채우고 바로 설악산으로 차를 돌렸다. 관광객이 적어서 케이블카도 바로 탈 수 있어 좋았다. 십 년이 몇 번 흘렀건만 산은 변한 게 없지 않은가. 대청봉을 정복하고 울산바위를 기어오르던 젊은 날의 기억이 새롭다. 그동안 나만 변한 꼴이니 세월을 탓해 무엇 하랴.

차를 다시 돌려 고성군의 델 피노(DEL PINO) 대명콘도에 짐을 풀었다. 설악산 밖에서 바라보는 대청봉 능선의 원경과 눈앞에 다가선 울산바위의 웅장한 모습은 참으로 장관이다. 설악산 풍광의 백미다. 북녘의 금강산보다도 가슴이 탁 트이는 절경이니 마음속에 가득 담아보았다.

어제는 산악풍광을 즐겼으니 오늘은 바다의 절경을 즐기자고 막내아들이 아침부터 서두른다. 잘 정비된 동해고속국도를 남쪽으로 양양의 '하조대'까지 달려 보았다. 어제는 물횟집에서 해물을 맛보았으니 오늘은 돌아오는 길에 이름난 '송이버섯마을'을 들러 송이전골을 먹자고 한다.

내가 가장 운전 기량을 믿고 편안한 마음으로 타는 사람이 막내아들이다. 그러나 네비의 안내에만 의존하니 한 번 경로를 벗어나면 한참 헤맬 수도 있다. 더구나 개천 따라 끝없이 좁은 농로가 여러 갈래 뻗어 있는 시골길에서는 예기치 않은 위험에 빠질 수도 있지 않은가. 그 위험을 우리가 겪을 줄이야….

돌아올 때 보니 '송이버섯마을'은 동해고속국도에서 멀리 떨어진 곳도 아니었다. 그런데 네비가 지시하는 길보다 일찍 우회전하여 좁은 둑방길로 들어섰던 것이다. 얼마쯤 가다 되돌아오려하니, 개천을 건너가야 하는데 그 위에 놓인 다리가 길지도 않으려니와 겨우 지나갈 정도로 좁다. 기아자동차의 카니발로는 'ㄷ'자로 회전할 수가 없지 않은가. 내가 내려서 보아주겠다고 하는데도 괜찮다며 페달을 밟는다. 오른쪽 뒷바퀴가 순간 처지는 듯했으나 잘 건너갔다. 참으로 운전의 달인이다.

안도의 한숨을 내쉬며 상상해보았다. 뒷바퀴가 빠졌더라면 구제할 방법이 없지 않은가. 대형 헬리콥터가 와서 들어 올리는 수밖에는…. 아들의 효성에 하늘이 보답했구나 싶었다.

일찍 돌아와 양양의 솔비치(SOL BEACH) 대명콘도에 짐을 풀었다. 이곳은 동해 바다를 바라볼 수 있어서 가슴이 탁 트인다. 다음 날 아침 온통 붉게 물들은 수평선 위로 이글이글 타오르는 불덩이가 솟구치는 순간을 카메라에 담을 수가 있었다. 아마도 마지막으로 겪어보는 환희와 감격의 황홀경이 될 듯싶다. 미수를 맞은 내게 하늘이 내려준 큰 축복이 아닌가.

눈을 감고 솔로몬의 명언을 다시 되새겨 본다.

'이, 또한 지나가리라.'

(2020. 5. 11.)

운문사를 돌아 나오며

지난번에 들렀던 인각사는 일연 스님이 말년에 어머니를 봉양하며 『삼국유사』를 발간하고, 입적을 하신 곳이라고 하여 감회가 새로웠었다. 그러나 실제로 『삼국유사』를 집필한 곳은 그가 주지를 맡고 있었던 이곳 운문사라고 하니 아침부터 가슴이 설렜다.

지금까지 문화유산사랑회를 따라나서면, 김 회장님 덕에 깊은 골짝에 자리 잡은 사찰의 앞뜰까지 버스로 올라갔다. 해서 걷기가 어려운 처지지만 사찰 탐방에 걱정을 안 했다. 오늘은 놀랍게도 버스가 장군평 한복판에 와서 내리란다. 운문사는 경내가 넓은 평지 가람이 아닌가. 가파르지는 않으나 한없이 걸어야 하니 순간 가슴이 두근거렸다.

멀리 호거산 꼭대기에 사리암(邪離庵)의 지붕이 햇볕에 반짝인다. 한 가지 소원을 기원하면 반드시 이루어진다고 하니, 나도 찾아가 '다리에 힘을 주십사'고 빌어보고도 싶거늘 쳐다보는 것만으로도 까마득하니 어쩌랴. 체념하고 운문사 경내로 들어섰다.

虎踞山雲門寺 명필이 붙은 일주문을 지나면 잘생긴 노송 한 그루가 시선을 끈다. 수령 800년의 보호수(천연기념물 제180호)다. 봄과 가을에는 막걸리 12말을 부어준다니 그 영양분 탓일까 부처님 가호 덕일까, 굵은 둥치에 고루 뻗은 가지들이 아름답다. 모두 겸손하게 아래로 처져 있고 여러 개의 버팀목아 받쳐주고 있다. 수행하던 보살의 화신인 성싶다.

봄가을에 공양하는 막걸리 열두 말에
잔가지 고루고루 팔백 성상 펼쳤거니
갈수록 몸을 낮추어 어질기 그지없네

발걸음을 옮기니 승가대학 옆에 수령 400년의 은행나무도 솟아 있다. 시상이 떠오른다.

늠름한 은행나무 중생을 품어주고
그늘 아래 모여서 원(願)과 행(行)을 다짐하니
비워낸 가슴속에는 기쁨이 넘쳐나리

점심 공양을 마치자 다실로 안내를 받았다. 부드러운 차향보다 창밖의 풍광에 시선을 빼앗겨 탄성이 절로 나온다. 절벽을 이룬 골짝에 옥수가 콸콸대고, 이무기가 살았다는 이목소(璃目沼) 전설에 모두들 홀려버렸다. 내친김에 보살님의 특별 배려로 금남의 비밀 정원까지 참관했으니 축복받은 하루다.

골짝 위로 놓인 '극락교'의 빗장을 풀고 건너갔다. 조용조용 조심하며 노스님이 기거하신다는 처소를 지나 오솔길을 돌아가니 숲속에 아담한 정자가 보인다. 단청까지 화려한데 牧牛亭 현판이 정자의 품격을 높여준다. 더욱 내 마음을 사로잡는 곳은 정자 앞에 가꿔놓은 연못이다. 자세히 보니 마음심(心) 자의 획을 따라 파낸 연못에 수련 잎이 가득하고, 아침에 벌린 꽃들이 우리를 반겨주고 있지 않은가. 운문사 풍취의 백미렷다.

그 누가 한 말이 떠오른다. 팔만대장경을 압축한 것이 261자의 반야심경이고, 반야심경을 한마디로 줄이면 일체유심조(一切唯心造)가 되고, 이를 한 자로 표현한다면 마음심 자(心)라고. 그렇다. 마음이 모든 것을 지어내니 매사가 마음먹기에 달리겠다.

불교는 내 마음을 스스로 다스리는 종교구나 생각하며 발길을 옮겼다.

(2019. 7.)

코스모스를 보러

상강이 며칠 안 남았으니 가을이 무르익어 간다. 특히 올해는 철이 빨라 단풍도 일찍 물들고 있다. 일교차가 심하니 외출할 때는 조심하라고 뉴스가 알려준다. 몇 달 동안 코로나19로 '집콕' 신세가 되어 집 앞의 '방아다리근린공원'만을 들락거리며 지내왔다. 방역 당국이 사회적 거리두기를 1단계로 조정하기는 했으나 우울증에라도 걸릴지 걱정이다.

오늘은 날씨도 좋고 시원하니 코스모스 구경이나 하러 가자고 한다. 기동성이 없는 우리 내외를 도와주는 유 과장이 안내하겠다며 '구리시민공원'을 제안한다. 뻥 뚫린 강변북로를 달리니 워커힐 앞에서 바라다보는 남한강 풍광은 참으로 아름답고, 내 가슴마저 뻥 뚫리는 듯하다.

강변북로를 벗어나 복잡한 나들목 길을 뱅뱅 돌아 시민공원에 들어서니 주차장이 하도 넓어 광활하다고나 할까… 꽃밭 가까운 자리에 차를 세워놓고 더듬더듬 무거운 발걸음을 옮겼다. 줄장미로 장식한 인공 터널 길을 벗어나니 눈앞에 꽃밭이 벌어진다.

깜작 놀랐다. 하늘하늘 바람에 흔들리는 가녀린 코스모스는 오간 데 없고, 울긋불긋 탐스럽고 화려한 꽃밭이다.

미국의 중서부에서 옮겨와 귀화했다는 '핑크뮬리'가 장관이다. 핑크색이나 우리나라 답사리보다 키가 작고 잔잎이 많다. 이름모를 외래종이나 백일홍이며 맨드라미의 개량종이 탐스럽게 자랐다.

한편에라도 우리나라의 야생화꽃밭이 있었으면 좋았을 것 같다. 유 과장이 작년에는 저 앞 길가에는 코스모스가 많았었다고 하자, 지나가던 여인이 금년에는 고구마를 심었다고 하지 않는가. 식량 증산도 좋지만 많은 관광객이 함께 감상하며 즐길 수 있는 꽃밭이 오히려 바람직하지 않을까 싶다.

돌아올 때는 토평 쪽으로 돌아서 왔다. 멀리 차창 밖으로 코스모스를 볼 수 있어 조금은 마음이 풀렸다. 다음 주에는 상암동의 하늘공원으로 가서 코스모스도 보고, 억새꽃 만개한 오솔길을 걸으며 가을의 정취를 만끽하리라 마음을 달래본다.

(2020. 10. 15.)

금강산의 봄

설렘 속의 밤열차

백두산 천지와 금강산의 만물상만큼 내 마음을 설레게 한 것이 있었을까? 고희 기념으로 백두산 정상의 외륜봉을 남북으로 종주하며 천지는 원 없이 바라보았으나, 금강산 관광은 좀더 자유로운 분위기가 조성되기를 기다리며 미루어 왔다. 그러나 해를 거듭함에 따라 차차 체력의 한계를 느끼게 되어 4월 1일 드디어 무박 3일의 철도 관광단에 끼어들었다. 여주중농고동문회의 후배 산악회원들과 함께 가기 위해서다.

금강산으로 수학여행을 간 옛사람들의 이야기와 정비석의 현란한 필치로 그려낸 금강산 기행문 「산정무한」이 한평생 금강산의 꿈을 부풀려 주었다. 일제로부터의 해방과 6·25동란으로 인해 수학여행의 꿈과 낭만을 날려버려야 했던 세대이니, 오래간만에 타보는 밤열차도 멀리 돌아가지만 불편은커녕 마냥 흥겹기만 했다. 밤 8시 45분에 서울역을 출발한 무궁화호 열차는 수원, 천안, 청주, 제천을 거쳐 새벽 3시 반에야 동해시에 도착했는데, 차창 밖 어둠은 기암괴석이 어우러진 금강산의 정경을 멋대로 그리기에 족했다. 덜커덩 덜커덩 연속되는 차바퀴 구르는 소리는 상념의 나래를 젊은 날의 추억 속으로 몰고 갔다.

만고의 만물상

금강산은 어느 계절이고 아름답다고 한다. 선인들은 계절 따라 금강산, 봉래산, 풍악산, 개골산이라고 이름마저 다르게 붙였다. 성급한 산수유가 노란 꽃잎을 벌리기 시작했을 뿐 물가의 찔레나무도 아직은 새싹이 돋을 기미가 안 보인다. 멀리 병풍처럼 둘러싼 중관음봉, 상관음봉, 상등봉을 잇는 능선의 북쪽 음지에는 흰 눈이 뒤덮여 있고 등산로 옆에는 잔설이 수북이 쌓여 있으니, 봄꽃으로 휘감은 금강산도 아니고, 녹음이 무성한 봉래산도 아니며, 그렇다고 나뭇가지마다 소복소복 흰 눈을 쓰고 있는 개골산의 설경은 더더욱 아니다. 별러서 온다는 것이 어중간한 철에 온 셈이다. 그래도 생긴 그대로의 산세를 바라볼 수는 있으니 그것으로 자위하며, 힘들기는 하지만 만물상을 가까이 접할 수 있는 천선대(天仙臺, 936미터)를 오르기로 정했다. 대부분의 회원들은 평이하다는 구룡연과 삼일포 쪽을 택했지만, 나는 다음 기회로 미루기로 했다.

금강산의 3대 명물은 금강내기(가을과 봄에 부는 거센 바람), 안개·구름, 계절폭포이지만, 네 번째 명물은 산길 운전에 능숙한 중국 교포운전사라고 안내양이 농담을 한다. 좁고 가파른 계곡에 자동차 길을 만들다 보니 S자의 연속일 수밖에 없다. 180도 U턴을 해야 하는 좁은 길을 돌아갈 때마다 마음 졸이게 하는 곡예 운전이 반시간 남짓 계속되었을까…. 3분의 2는 오른 지점에 설치한 만상정(萬相亭) 주차장에다 내려준다.

10여 분 가파른 계단 길을 오르니, 왼쪽으로 험상궂은 얼굴의 귀면암이 기이한 모습을 뽐내며 솟아 있다. 그 밑에는 '국가지정 천연기념물 제224文 귀면암'이란 표지석이 박혀 있다. 누구도 마음대로 오를 수가 없으니 산은 잘 보존되어 왔는데, 판에 박은 수식어와 함께 김○○이 다녀갔다는 붉은 글씨의 비문이 내가 서 있는 좌표를 실감케 한다. 단 몇 줄도 읽어주기가 역겨운 비문인데, 세기를 거듭하며 만인의 시선을 어지럽힐 것을 생각하면 질식할 것만 같았다.

귀면암을 지나 등산로를 따라 한 시간쯤 땀을 흘리면 정상 천선대에 오르게 된다. 정상 가까이 가면 수직 절벽에 갈지자로 매어 달린 철사다리 계단을 올라가야 한다. 한 사람이 겨우 갈 수 있는 일방통행 계단에다 사각(斜角)이 너무도 없으니, 양손은

난간을 꽉 잡고, 시선은 좁은 발판에서 뗄 수가 없다. 주위의 절경을 감상할 여유가 없다. 천선대에서 한숨 돌리고, 비좁은 '하늘문'을 빠져나가면 건너편에 만물상의 봉우리와 암벽이 한눈에 들어온다. 갖가지 모양의 괴석과 수없이 갈라져 금방 무너져 내릴 듯도 한 절벽에 틈만 있으면 솟아오른 노송들도 장관이다.

중국 황산의 소나무들은 탐스럽게 구김살 없이 자랐고, 훼손된 가지도 별로 없어 아름답기는 하다. 그러나 금강산 절벽의 소나무들은 짤막하고 억세게 자랐으며, 가지도 짧고, 그나마 남쪽으로만 몇 개 뻗었을 뿐 북쪽 가지는 꺾이고 삭아서 없는 나무가 대부분이다. 휘몰아치는 매서운 강풍과 힘겨루기를 하며, 때 없이 쌓이는 눈더미를 이고 자라자니 몇 백 년 자라도 그 모습 크게 달라질 수 없겠다. 고난의 역사 속에 살아남아 온 우리들의 자화상을 보는 것만 같아 훨씬 정겹고 아름답게만 보이는 것을 어찌하랴!

절벽의 소나무와는 달리 계곡 초입의 울창한 소나무 숲은 또 다른 금강의 명물이라고 하겠다. 4, 50미터를 쭉쭉 뻗은 적송은 미인송이라는 이름에 걸맞게 참으로 아름답다. 수령 3백 년의 적송이 숲을 이루고 있으니 바라만 보아도 마음이 뿌듯해진다. 온정리마을 주변에도 소나무 밭이 널려 있는 것도 인상적이다.

구룡연코스와 삼일포의 미련

황산의 계곡이 좋다지만 그곳에서는 금강산의 골짜기를 콸콸 흘러내리는 맑은 물을 보기는 어렵다. 수목이 울창해지는 여름철의 계곡물은 말할 것도 없겠지만, 이른 봄에도 골짜기에 쌓인 잔설 밑으로 흐르는 맑은 물줄기가 마를 줄을 모른다. 때로는 밖으로 솟구쳐 절벽 위를 타고 흐르며 작은 폭포를 이루고 있다. 계절폭포를 자랑하는 까닭을 알 만하다. 여기저기 굴러 내려 쌓인 큰 바위들 틈에 고인 물은 맑다 못해 사뭇 푸르다.

만물상 밑 계곡은 비교적 물이 적은 편이지만, 주봉인 비로봉(1,638미터)으로부터 갈라진 계곡이 모아지는 구룡연코스에는 풍성한 계곡물이 장관일 것 같다. 산악미는 만물상코스에서, 계곡미는 구룡연코스에서 감상해야 한다고 안내양도 일러 주었다. 상팔담, 구룡폭포, 연주담, 비룡폭포, 옥류담이 줄지어 자리를 잡고, 계곡물을 넘겨주는 흔들다리, 만경다리, 금수다리, 앙지다리, 목란다리 등 이름만 들어도 힘찬 물줄기가 넘쳐나는 계곡의 절경을 상상하기 어렵지 않다. 풍부한 수기(水氣)야말로 금강산 정기의 원천이다. 괴암과 노송과 옥수가 이렇게도 절묘하게 어우러진 진경산수화는 아마도 광활한 중국 땅에서는 찾아볼 수 없으리라.

나는 온천을 즐기느라 못 갔지만, 구룡연코스를 택한 회원들의 찬탄은 하나같이 삼일포(三日浦)의 아름다움에 모아진다. 삼일포는 온정리마을과 해금강 사이에 자리 잡은 삼일리(三日里)의 천연 담수호이다. 둘레가 4.5킬로미터나 된다는 제법 큰 호수인데 자연미의 극치라고 이구동성 감탄한다. 관동팔경의 하나이고, 북한의 천연기념물 제218호로 지정되어 있으니 짐작할 만하다. 다음 기회를 기약한다지만 못 보고 돌아오자니 발걸음이 무겁기만 했다.

철마의 꿈

해는 중천에 떠 있건만 볼거리를 남겨둔 채 귀경길을 서둘러야 했다. 오후 3시 반에 온정각(휴게소)을 출발해서 출입수속을 밟아야 하기 때문이다. 국경 아닌 국경을 넘는데, 무엇이 그렇게도 의심스러운지 통과절차가 짜증스럽기만 하다. 10배율 이상 되는 쌍안경 및 망원경, 160밀리 이상의 망원렌즈가 달린 사진기, 24배 이상의 줌렌즈가 달린 비디오카메라는 지참금지 물품 8가지 중 첫째 항목이다.

나는 아예 1회용 카메라를 사 가지고 갔지만 사진을 찍는 장소도 제한되어 있어서 몇 장 찍지도 않았다. 중국 관광에서는 단체 비자로 술술 나가고 확 풀어 놓는데, 내 나라 땅 안에서는 입산요금을 1백 불씩이나 내며, 철조망을 끼고 들어가, 삼엄한 감시 속에 지정된 길만을 돌아 나오는데도 그렇게 번거로우니, 반세기 분단의 아픔으로 돌리기에는 너무도 바보스럽고 억울하고 한스럽다.

북방한계선을 넘어, 민둥산이 돼버린 비무장지대를 관광객 전용의 통일로가 훤하게 뚫리고, 동해북부선을 복원한 평행선의 선로는 끝이 없을 것만 같은데, 달려야 할 철마의 꿈은 어느 세월에 실현될는지…. 금강산의 봄은 요원하기만 한가 보다.

(2005. 4.)

독도의 존재

나는 바다를 좋아한다. 바닷물 위로 작은 모습을 드러내고 조용히 있어도, 삼켜버릴 듯 몰아치는 태풍에도 끄떡없는 그 바위를 더 사랑한다. 그 바닷속의 바위를 해암(海巖)이라 할까.

해암이 하도 마음에 들어 나의 호(號)로 만들었는데, 따져보면 50년도 더 전의 일이다. 본래 호라는 것은 별명이니, 동료나 웃어른이 지어주는 것이 보통이고 제격이리라. 그런데 머리도 기르지 못한 풋내기가 겉멋부터 들었던 것 같다. 몇 놈들이 모여서 대학 입학시험 준비를 하느라 고시조를 암송하다가, 정철에 「송강」이란 호가 붙어 있는 것을 보고, 우리도 각자 호를 만들어 갖자고 하여, 숙고하던 끝에 만든 것이 해암이다. 평생 그 호를 불러준 사람은 없었지만, 나 혼자만은 마음속으로 수없이 불러주며, 해암과 같은 사람이 되자고 다짐해 오다 보니 고희까지 넘기게 되었다.

그래도 해암을 요긴하게 써먹은 적이 두 번 있었다. 회갑이 되자 제자들이 회갑기념논문집을 만들어 주겠다고 호를 알려달라니, 연유야 어찌되었던 선뜻 알려줄 수가 있었다. 또 한 번은 정년퇴직을 할 때이다. 염치없이 정년퇴직기념논문집을 또 받을 수도 없고, 생각 끝에 회고록이나 자서전을 써보려고 했으나, 솔직하게 기술하자니 용기도 안 나려니와, 관련된 분들에게 누를 끼치는 결과가 될 것 같았다.

하는 수 없이, 평생 쓴 잡문이나 책의 서문, 연설, 주고받은 편지 등을 모아서 『海巖의 自畵像』을 출간하기로 한 것이다. 교정을 다 마치고, 책의 표지를 어떻게 꾸밀 것인지 걱정을 하는데, 출판사의 사장이 어디선가 멋있는 바닷속의 바위 사진을 찾아내었다. 우리나라 한려수도의 어느 바위 사진인 줄로만 알고 참 멋있구나, 만족해하면서 책 표지에 넣어 찍어 냈다.

출간 후 몇 해가 지나도록 모르고 지냈는데, 얼마 전에 독도 문제가 불거진 것이다. 우리 어선을 사이에 두고, 한일 양국의 군함이 일촉즉발의 대치국면을 연출하는 바람에 독도의 사진이 TV의 화면에 클로즈업된 것이다. 비바람에 다듬어진 바위 결에다 '행운의 관문'까지 붙어 있는 독도를, 그대로 옮겨다 수반 위에 앉힐 수만 있다면 얼마나 멋있는 명품수석이 될까 감탄을 하다 자세히 보니, 『해암의 자화상』 표지 사진과 똑같지 않은가?

아뿔싸. 내가 독도의 모습도 멋도 모르면서, '독도는 우리 땅'이라고 떠들었으니 얼마나 부끄러운 일인가! 조여드는 자괴감을 떨칠 길이 없었다. 출입을 금지시켰던 당국의 처사만으로 변명이 될 수는 없는 노릇이다.

독도는 이제 미적 평가나 경제적 가치가 문제가 아니라, 국민의 자존심과 주권의 문제로 부각되었다. 확실한 수호대책을 위해서는 상대인 일본을 알 필요가 있는데, 그것이 그렇게 간단치가 않다. 되돌아보면, 일본 사람들은 그동안 괴상한 짓들을 되풀이해 왔다. 접근도 못하는 자들이 독도를 주거지로 등록을 하기도 하고, 시마네현(島根縣) 의회는 '다케시마의 날'(일본에서는 獨島를 竹島라고 한다)을 2월 22일로 지정하는 조례를 만드는가 하면, 거물급 인사들이 이 사람 저 사람 바꿔가며 망언을 되풀이하고 있다. 한국과 유리한 협상을 하기 위한 것이냐, 시마네현 어민의 생업을 지원하기 위한 것이냐, 영토분쟁을 일으켜 장차 침략의 구실을 만들자는 것이냐, 사람 따라 의견이 분분할 수 있으나, 문제는 그들이 '혼네'를 그렇게 쉽게 드러내지를 않는다는 데 있다.

나는 교토(京都)에서 객원교수로 6개월을 지낸 적이 있다. 나름대로 일본말을 열심히 배운다고 노력했었는데, 돌아올 무렵에야 일본말에는 혼네(本音)와 다테마에(建前, 立前)란 말이 있다는 것을 알았고, 나고야경제대학에서의 강의 경력도 어언 7년째 들어가니 일본 사람을 조금은 이해한다 할 만도 한데, 아직도 그 혼네를 파악하는 방법을 터득하지 못해서 애를 먹기도 한다. '다데마에'란 표면에 나타낸 말이나 명분이고, '혼네'는 마음속에 숨겨둔 참뜻, 본심(속내)을 말한다.

일본 사람들은 겉으로 하는 말과 속마음이 흔히 다를 수 있으니 혼네와 다데마에라는 말이 생겼겠지만, 감정이나 생각을 직설적으로 토로하고 마는 한국인에게는 그런 말이 필요가 없었으리라. 그러니 본음(本音)이란 한자를 그대로 번역을 할 수가 없고, 건전(建前)이라는 말이 우리말에는 없다. 좋게 말하면 일본인의 언행은 외교적이고 세련미가 있다고 할 수도 있으나, 나쁘게 말하면 이중적이요, 표리부동이다. 어느 편이 좋고 나쁘고를 따져보자는 것은 아니다. 불쑥불쑥 내뱉는 우리 정치인들의 말버릇이 얼마나 상대방이나 국민들의 마음을 당혹스럽게 하는가를 생각하면, 일본 사람들의 혼네와 다데마에라도 좀 배웠으면 하는 때도 있다.

일본 사람들은 기록의 명수요, 보존의 달인이기도 하다. 때로는 날조도 잘한다. 홋카이도(北海道) 지방에서, 동북구석기문화연구소 부이사장을 지낸 후지무라 신이치(藤村新一)가 구석기 유물을 미리 묻어 놓았다가 발굴한 사실이 뒤늦게 밝혀지는 바람에, 일본의 구석기문화가 3만 년 내지 5만 년 후퇴해야 했고, '거대한 거짓말'에 놀아난 역사교과서도 다시 써야 하는 날조사건이 신문을 장식했던 적이 있었다. 그렇다면 지금의 엉터리 거주지 등록이나 독도의 날을 지정하는 시마네현 의회의 조례도 몇 백 년 후에는 독도가 일본의 영토였다는 유력한 물적 증거물로 둔갑하지 않을까 상상을 해본다. 그들의 혼네를 알 수가 없다면, 유비무환이라 했으니 그저 단단히 대비하는 수밖에 없겠다. 당연히 정부차원에서 대책을 잘 강구해야 하겠지만, 그 흔한 시민단체 중에 독도를 사랑하는 '독사모'는 없는지 아쉽기만 하다.

'가깝고도 먼 나라'가 동북아시아에만 있는 것은 아니다. 힘센 나라가 주위를 평정하고 온갖 좋은 것을 빼앗아 가는 것이 곧 인류의 역사였으니, 지구촌 구석구석에 가깝고도 먼 나라들이 얼마든지 있다. 그러나 과거사를 청산하는 방법에 따라서는, 선린우호관계가 회복되어 서로 협조하며 번영을 누리는 나라들도 얼마든지 있다. 일본인의 혼네가 무엇이었던 상관없다. 이제부터라도 독도의 존재를 '있는 그대로' 인정하고, 가깝고도 '가까운' 나라가 되려고 노력하는 행동이 앞서면 되지 않겠는가? 시마네현, 독도 그리고 경상도 사이에 마음의 연육교가 가설될 날이 돌아오기를 기원해 본다.

(2005. 8.)

백두산 등정기

고희기념 트레킹

결혼을 안 한 아들딸이 아직도 셋이나 있으니 고희 잔치를 벌이게 놔둘 수도 없고, 그렇다고 제자들로부터 고희기념논문집을 받는 것도 번거롭고, 결국은 나 혼자 할 수 있는 백두산 등정이나 단행하여 내 인생길에 이정표를 세우는 것이 좋을 것 같았다.

백두산(창베이샨, 長白山)은 천지를 중심으로 2,500미터 이상의 봉우리만도 16개를 거느리며, 태고의 신비 속에 인간의 접근을 거부하고 있는 우리 민족의 영산이다. 흔히 다녀오는 백두산관광이란 천문대가 있는 천문봉(2,670미터) 턱밑까지 8인승 승합차를 타고 가서 5분 정도 걸어서 정상에 올라 사진만 찍고 내려오는 것이 보통이다. 그러나 백두산 관광의 백미는 서파트레킹, 특히 외륜봉 종주라 하겠다.

서파(서쪽)트레킹은 천지의 서쪽으로 끝없이 펼쳐지는 고원의 초원지대와 고산식물의 보고인 구릉지대를 오가며 즐기는 생태 관광코스를 말하고, 외륜봉 종주는 조·중국경표지석으로부터 청석봉을 돌아 백운봉(2,630미터), 녹명봉, 차일봉을 거쳐 소천지(小天池) 옆으로 내려오는 장장 12시간의 산행을 말한다.

들꽃길 오십 리

장춘비행장에서 연길까지 국내선으로 바꿔 타고, 다시 관광버스로 몇 시간을 달려 저녁 9시도 훨씬 지나서야 하늘 아래 첫 동리라는 백두산의 관문 이도백하(二道白河)에 도착, 신달호텔(信達賓館)에서 허기진 배를 채우고 백두산의 꿈을 꾸며 피로를 풀었다.

6월 27일 아침 4시 눈을 뜨니 벌써 훤하게 밝았다. 날씨는 전날이나 다름없이 맑았다. 연길지역에서만 자란다는 쭉 곧은 미인송(美人松)을 비롯해서 자작나무 등 이름 모를 각종 활엽수가 울창한 원시림 숲을 좌우로 바라보며 얼마쯤 달려가니 백두산 산문이 나온다.

중간에 비포장 길이 끊어지자 8인승 승합차로 바꿔 타고 초원 깊숙이 들어갔다. 활엽수대를 지나 사스레나무 군락지, 전나무지대를 통과 수목한계선을 넘는다. 워낙 광활하고 완만한 고원지대인지라 경사를 못 느꼈지만 해발 1,700미터 고원을 거닐고 있는 것이다. 맑은 날씨에 백두산 봉우리 능선이 손에 잡힐 듯 선명하게 다가서 있고, 초원의 청초한 들꽃들이 한껏 아름다운 자태를 뽐낸다. 들꽃 천지다. 남색 붓꽃, 붉은색 복주머니난(개불알꽃), 털복주머니난(털개불알꽃), 노란 금매화, 화살곰취, 구름국화, 하늘매발톱, 미나리아재비, 바이칼꿩의다리 등 기이한 형형색색의 꽃들이 우리를 반긴다. 6월 중순부터 봄꽃이 피지만, 9월 초순이면 눈이 내린다니 7월이면 한창이고, 고지대로 높이 올라갈수록 개화가 빨라진다.

금강분지의 초원을 내려다보고 돌아오니, 금강고원의 풀밭에 옹기종기 모여 앉은 대원들이 한판 벌이기 시작했다. 초원의 노천음악회를. 윤대장이 걸머지고 온 우쿨렐레를 꺼내 반주를 하며 머리에 고정시킨 하모니카마저 신나게 불어대니 회원들이 합창하는 맑고 청아한 노랫가락이 조용한 초원 위로 끝없이 퍼져간다. 영화 「Sound of music」의 장면을 연상하게 하는 초원이라더니, 들꽃 속에 취한 대원들이 정말 조연이라도 된 줄로 착각을 하는지, 합창에 흥을 돋우다 일어나 왈츠까지 추어댔다.

돌아오는 길에 노천 온천이라는 골짜기 물에 발을 담그고, 따끈따끈한 왕모래에 발바닥 마사지를 하며 휴식을 취했다. 천지가 용암을 분출할 때 이루어졌다는 금강대협곡을 둘러보고, 신비한 연못으로 알려진 '왕지'를 찾는 등 풀밭 길을 온종일 거닐다 보니 온몸에 피로감이 스며든다. 최제독의 만보계가 19,000

을 넘어섰으니 워밍업 치고는 좀 지나쳤지 않은가. 오늘의 트레킹은 가벼운 시작에 불과하다는 바람에 다음 날의 종주등정을 포기하기로 작정하고, 백운봉산장에서 불편한 대로 하룻밤을 보내야 했다.

다음 날 아침 일찍부터 서둘러 8인승 승합차에 나눠 타고 천지를 향해 나무 한 그루 없는 고원 길을 구불구불 달렸다. 7부 능선쯤 되는 곳에서 모두들 내리니, 수천 개의 돌계단이 능선까지 아득히 이어진다. 발걸음은 무겁고, 쉬고 또 쉬어도 올라갈 길은 멀기만 하다. 대부분의 관광객은 이 돌계단 길에서 지쳐 천지를 바라보고는 되돌아 하산한다고 한다.

숨을 몰아쉬며 능선에 올라서니 감격의 탄성이 저절로 튀어나온다. 그 광활함과 푸르다 못해 시커멓게 보이는 물속에는 산봉우리의 그림자가 투영되어 병풍처럼 천지를 둘러싸고 있다.

천지를 배경으로 사진 한 장이라도 찍을 수 있기를 출발 전부터 빌어 왔다. 비 오는 날이 대부분이며, 맑은 날씨라도 변덕스러워 언제 먹구름에 뒤덮일지 모르는 것이 백두산 날씨라고 들었기 때문이다. 그런데 우리는 4박 5일 쾌청한 날씨 속에 바람도 구름 한 점도 없는 나날을 보냈다. 축복받은 outdoor 7팀이여!

고뇌의 결단

천지의 사진을 찍고 또 찍고, '대~한민국'을 소리 높이 외쳤다. 마냥 즐거운 시간이 흘렀는데, 드디어 윤대장의 명령이 떨어졌다. 외륜봉 종주를 할 A조는 자기 앞에 줄을 서란다. 한 사람이라도 낙오자가 생기는 경우에는 대책이 없는 백두산이다. 구조대원도 헬리콥터도 없는 곳. 최 부장의 겁주는 저지성 설명에 몇 번이고 주저하다 결국은 어려운 결단을 내렸다. 설마하니 아줌마 대원을 못 따라가랴 하는 오만한 생각에서.

노호배(老虎背) 능선을 타고 야생화트레킹을 즐길 B조 대원인 이양준 선생과 이영회 회원들, 현지 가이드 한 사람과 백산기획의 최부장을 남겨두고, 종주팀은 청석봉 허리를 감돌며 발걸음을 옮겼다.

제일 앞에 현지 가이드, 조따거(趙大哥)를 앞세우고, 그 뒤에 여성 대원이 줄을 서고, 뒤따르는 남자 대원 앞에는 제일 고령인 나를 세우고, 윤 대장은 맨 뒤에서 총지휘를 한다.

골짜기를 내려갔다 가파른 돌 더미 길을 다시 올라가기를 거듭하나, 능선에 오르면 또 다른 천지의 모습이 대원들의 가슴을 부풀게 한다. 힘든 비탈길도 1분간 서서 쉬는 동안 돌아서서 까마득하게 전개되는 계곡의 아름다움에 취하다 보면 피로를 잊고 다시 발걸음에 힘을 주게 된다.

백운봉을 넘기 전에 천지물이 새어 나와 흐르는 계곡을 만났다. 모두들 수통에 식수를 채우고, 뼈가 저려오는 찬물에 발을 담그고 피로를 씻어낸다. 신발 끈 풀고 양말 벗는 것도 귀찮아서 그대로 쉬려 하니 윤대장이 자꾸 벗으라고 권한다. 마지못해 벗고 바위에 걸터앉아 물에 발을 담갔으나, 30초도 견딜 수 없어 일어나려니 윤 대장이 달려들어 왼발, 오른발을 차례로 씻어 주고 주물러 주는 게 아닌가? 얼떨결에 당하고 웃어넘기기는 했지만, 생각할수록 고맙고 황공할 뿐이었다. 예수가 제자의 발을 씻어 주었다는 기록 외에 대장이 연장자라고 발을 씻어 주었다는 기록은 전무후무할 것이다.

돌아오는 마지막 능선 길에선 호텔 옆 흰 건물이 빤히 내려다보인다. 그러나 풀밭 산을 넘고 넘어도 여전히 펼쳐지는 넓은 초원에, 고만 지치고 만다는 하산 길이다. 갈수록 뒤처지는 내 뒤에 윤 대장 자신이 바짝 뒤따르고 씽씽한 이화영 선생과 그의 룸메이트가 뒤따라 줬다. 이심전심 염려를 한 나머지 만약의 경우에 대비한 배려가 아니었던가 생각하니 한없이 고맙고 죄송하기도 한 노릇이다.

외륜봉 종주의 백미

봉우리를 돌아 능선에 올라설 때마다, 오른쪽으로는 천지가 또 다른 모습과 물빛을 보여주고, 곧 무너져 내릴 듯 사정없이 깎여 내린 기괴한 봉우리는 풀 한 포기도 활착을 거부하며 태곳적 그대로의 광석 빛을 드러내고 있다. 그 장엄하고 신비로운 천지와 준봉의 위용을 하루 종일 싫증이 날만큼 바라볼 수 있었으니, 다시 몇 번이고 행운을 실감하게 된다.

그러나 천지의 전망은 오히려 단조롭다 하겠다. 왼쪽으로 끝없이 완만하게 펼쳐지는 푸른 능선과 초원을 가르는 골짜기들. 가까이 보면 흙빛 이끼가 5, 6센티미터씩은 뒤덮여 양탄자보다 푹신하게 발을 받쳐주고, 만병초는 활엽수거늘 자라지 못하고 풀같이 바닥에 깔려서 노르끄레한 꽃 서너 송이를 한데 모아 피우고 있다. 마구 흐트러진 바위 틈틈이 깔려 계곡을 환하게 수놓으니 참으로 장관이다.

백합과의 여러해살이 개감채로 뒤덮인 벌판 또한 황홀하기만 하다. 잎은 잘 보이지도 않는데 가냘픈 꽃대만이 3, 4센티미터 솟아나서 직경 1센티미터도 채 안 되는 흰빛 꽃 한 송이를 피워놓고, 골짜기로부터 불어 올라오는 미풍에도 하늘하늘 흔들어댄다. 나비도 벌도 없는 고지대에서 스스로 화분을 받아 내년에 피워낼 2세의 씨앗을 만들어 내기 위해 오랜 세월에 걸쳐 터득해낸 지혜요, 생존 전략이며, 아니 처절한 몸부림일지도 모른다.

한 송이 한 송이는 참으로 볼품없는 들꽃이건만, 수천만 수억

송이의 꽃이 빼곡히 솟아나서 흔들어 대는 벌판 전체를 멀리서 바라보노라면 그 누구도 흥분하지 않을 수 없으리라. 어느 독재자를 환영하는 군중들의 환호성보다도, 솟구쳤던 붉은 악마들의 함성보다도 훨씬 강렬한 몸짓과 눈빛으로 우리를 환영하는 것만 같았다.

꽃을 피해서는 발을 디딜 공간이 없고 이동할 재간이 없으니, 애처롭기 그지없으나, 힘껏 밟고 무자비하게 깔고 뭉갤 수밖에 없지 않은가!

장군봉을 바라보며

6월 29일 백두산에서의 마지막 날이다. 버스에서 내려 30분쯤 걸어 철계단을 올라가니, 멀리 세 갈래 물줄기가 보인다. 천지물이 흘러내리는 장백폭포다. 낙차가 68미터나 된다고 하나, 나이아가라폭포를 연상해서 그런지 별다른 감흥을 못 느꼈다.

사진 한 장씩 찍고 내려와서, 8인승 승합차로 굽이굽이 천문봉 길을 올라갔다. 정상이 150미터쯤 남은 곳까지 가서 내려주니, 일반 관광객들로 붐빈다. 무너져 내리다 남은 듯, 금방이라도 다시 와르르 쏟아질 것만 같은 정상 가까이 다가서니 천지의 물빛도, 멀리 건너다보이는 북녘땅 장군봉의 위용도 새롭기만 하다.

국운이 흥성하던 옛날에는 고구려 병사들의 말발굽이 마음껏 드날렸을 서파의 끝없는 벌판이 주체할 수 없는 회한과 함께 마음속에 다가선다. 그 멀고 먼 길을 돌고 돌아 이곳 중국 땅에서 장군봉을 바라만 보아야 한다니, 천지 바로 아래가 자신의 고향인데 8살 때 남으로 내려왔노라고 종주 길에 몇 번이고 되뇌던 '왕언니'의 애틋된 목소리가 되살아나며 가슴을 저리게 한다.

제한된 30분이 흘러 하산을 재촉한다. 붉은 악마들의 솟구치는 그 열정이 국력으로 승화할 때, 동방의 새 기운이 천지를 메우고, 서파의 고원으로 끝없이 펴져 가리라는 염원만을 남겨 둔 채, 아쉬움과 함께 발길을 돌려야만 했다.

(2002. 8.)

산청은 산야만 맑은 게 아니다

개천절, 연휴가 돌아왔다. 혼자서 집을 지키자니 너무 지루할 듯해 마누라 가는 나들이에 또 따라나섰다. '문화유산 사랑회'에서 가는 곳이 하필이면 산청(山淸)일까 했다. 지리산 자락의 오지이니 산하야 맑겠지만 우거진 나무들을 보러 가는 것은 아닐 테고….

유난히 비가 많이 쏟아진 남녘이라 비 걱정까지 하면서 일찍 출발했는데 막상 산청에 도착하니 비는 북상하고 하늘마저 맑았다. 산골짝을 굽이굽이 돌아 올라왔는데 왕릉을 만나다니 깜짝 놀랐다. 더 놀라운 것은 왕릉답지 않게 돌무덤이 아닌가. 1971년 2월 9일에 지정된 대한민국의 사적 제214호, 구형왕릉(九衡王陵)이란다.

김수로 대왕이 개국한 가락국(금관가야)은 제10대 구형왕에 이르러 막을 내렸다. 적국인 신라와 한판 싸워서 패망한 것이 아니다. 적의 기세에 눌려 투항을 했다나. 전쟁을 해서 온 국민이 살상을 당하느니 나라를 바쳐 평화와 안전을 유지하자는 뜻이리라. 결과적으로는 서로 피를 안 흘렸고, 그의 증손자 김유신이 나라를 위해 큰 공을 세웠으니 그 평가는 사람 따라 다를 수도 있겠다. 그러나 구형왕 본인은 나라를 법흥왕(法興王)에게 바쳐 땅속에 묻힐 자격도 없으니 묻지 말고 돌로 덮어달라는 유언을 남겼다고 한다.

나라 바쳐 백성 살린 임금님 잠드셨네
한판 싸움 피해 놓고 유언을 남겼나니
돌무덤 엉성하여도 천년만년 빛나리

김정은이 백성의 행복을 위해서 구형 양왕(讓王)을 본받았으면 얼마나 좋으랴만, 핵 개발하여 불바다를 만들겠다며 협박만 하고 있으니… 삼국시대로 거슬러 올라가며 이런저런 생각에 깊이 빠져들었다.

산에서 내려와 산천재(山天齋)를 찾았다. 산천재 뜰에서는 천왕봉이 보인다지 않는가. 60년대 지리산 종주를 하며 천왕봉에 올라 함성을 토했던 일이 떠올라 얼마나 가슴 설렜는지 모른다. 그러나 막상 뜰에 서니 구름에 가려 볼 수가 없다. 조석으로 바라보며 천왕봉의 정기를 받았을 선비의 모습을 상상하니 부럽기 이를 데 없다.

부끄럽게도 나는 퇴계(退溪) 이황(李滉)은 알았지만 남명(南冥) 조식(曺植)을 몰랐다. 두 분은 동년배이며 영남 유림의 양대 거목이었는데. 남명이야말로 관직을 멀리하고 시골에 묻혀 학문과 후학 양성에 삶을 바친 처사(處士)의 표본이 아니었던가.

남명은 61세 때 산청 덕산에 와 산천재를 마련하고 72세에 생을 마쳤다. 안으로는 마음을 올바르게 하고 밖으로는 올바름을 실천하는 경의(敬義)사상이 남명학의 요체다. 남명은 하루라도 이를 잊지 않으려고 몸소 노력을 했다. 그래서 방울소리가 나는 성성자(惺惺子)와 짤막한 경의검(敬義劍)을 항상 몸에 지니고 다녔다 한다. 사라져 가는 선비의 참모습을 여기서 만난다. 반백 년을 강단에서 지냈지만 드러내기를 즐겨했던 나 자신이 부끄러워 옷깃을 여미지 않을 수 없다.

산천재 뜰에 들어서면 한 그루 고목이 우리를 반긴다. 남명이 심은 매화란다. 겹꽃 홍매화라 하나 철이 지나 그 고고한 자태와 향을 감상하지 못함이 아쉽다. 평생을 춥게 살아도 그 향기를 팔지 않는다(梅花一生寒不賣香)는 매화야말로 선비의 기품을 상징한다 생각하니 꽃 없는 저 묵은 둥치에서도 남명의 엄한 모습을 보는 듯하다.

산천재 앞뜰에는 굽어진 매화 둥치
성성자 경의검 찬 그 임은 말이 없어
정상배 들끓는 세상 선비는 언제 올꼬

(2016. 10.)

안면송 그늘에서

일본을 처음 갔을 때 빼곡히 들어선 삼나무들이 놀랍고 부럽기도 했다. 그러나 이제 와 생각해 보니 우리 땅에는 훨씬 자랑스러운 나무가 자라고 있지 않은가. 산야에 지천인 소나무다.

삼나무는 재질도 물러서 우리 적송과는 상대가 되지 않는다. 13척의 배로 133척의 일본 함대를 무찌른 울돌목싸움을 되새겨 보면 안다. 왜선은 삼나무요, 우리 거북선은 소나무였으니 돌격하면 삼나무배가 부서질 수밖에 없지 않은가.

우리는 예부터 소나무를 아껴 썼다. 궁궐의 목재, 전선(戰船)의 자재, 왕실의 관을 짜는 나무가 모두 소나무였다. 가깝게는 숭례문 복원 때도 기둥과 지붕에 안면송이 쓰였다. 소나무야말로 서민의 일상생활에 파고들어 함께 살아온 삶의 동반자요, 민족혼이 배어 있는 숲의 왕자이며 이 땅을 지켜온 수호신이다.

나는 지금도 솔만 보면 어린 날의 고향 향수에 잠기곤 한다.

봄에 물이 오르면 솔잎도 따 씹고, 묵은 가지의 겉껍질을 벗겨 연한 송기로 목을 달랬다. 어찌 지금의 껌이 그 맛을 당할까 보냐. 솔가지가 노랗게 물들 무렵이면 갈퀴로 잎을 떨어내고 긁어 모아 한 짐 잔뜩 지고 땀을 뻘뻘 흘리던 기억도 아련히 되살아난다.

소나무가 우리나라에만 자생하는 것은 아니다. 가까운 중국에 가면 더욱 많이 볼 수 있다. 특히 황산은 소나무의 천국이라고나 할까. 춥지도 덥지도 않은 기후와 적절한 습도며 맑은 공기 속에서 몇 백 년을 버텨온 노송들이 그득하다. 황산의 소나무들은 영화도 누리고 산다. 길가의 나무는 반드시 긴 대나무쪽을 엮어 만든 보호대를 두르고 있다. 10대 명송은 유네스코가 세계자연유산으로 지정까지 했고, 수령 팔백 년의 대왕송(大王松)은 바로 옆에 약간 작은 왕후송까지 거느리고 있으니 말이다.

그래도 나는 우리나라의 소나무가 좋다. 금강산 절벽의 소나무들은 짤막하고 구불구불 억세게 자랐으며, 짧은 가지도 남쪽으로만 뻗었을 뿐 북쪽 가지는 꺾이고 삭은 것이 대부분이다. 쌓이는 눈더미와 매서운 강풍을 견뎌내야 했으니 말이다. 고난의 역사 속에 살아온 우리의 자화상을 보는 것 같아 훨씬 정겹고 아름답게 보이니 어쩌랴.

우리 소나무라고 굽기만 한 것은 아니다. 금강산에도 계곡의 초입에는 미인송이라는 쭉쭉 뻗은 홍송도 있다. 울진이나 청송 일대의 금강송이며 태안의 안면송은 곧고 단단한 명품송이다.

그러나 이 울창한 적송림이 일조일석에 조성되는 것은 아니다. 자연번식에 맡겨둘 것이 아니라 오랜 세월 꾸준히 심어가야 한다. 심는데 그치지 말고 정성을 들여 가꿔가야 한다. 가꾸자면 자연 사랑의 마음부터 길러야 한다.

금년에 천리포수목원을 거쳐 안면도의 자연휴양림을 찾은 것은 참으로 좋았다. 싱싱한 저 솔밭이 한결 새롭게 다가온다. 숲이 살아야, 솔이 울울창창해야 내가 건강해지고 우리가 행복해진다. 솔밭에서 불어오는 바람이 뿜어주는 상큼한 솔향기를 마음껏 맡는 것이 최적(最適)의 힐링이요, 최고의 웰빙이 아니겠는가.

안면송 그늘 아래 평상에 네 활개를 펴고 하늘을 본다. 솔가지가 높이 사이좋게 하늘을 나누어 가린다. 바람을 되받아 짙은 향을 풍긴다. 바람아, 더 시원하게 불어라.

(2016. 6.)

배롱나무 사랑

겨울의 끝자락에 이르면 봄을 기다리는 마음이 성급하게 달뜨기 마련이다. 차례로 피어날 꽃봉들의 미소가 내 가슴을 마구 달구니 이를 어쩌랴.

그 화사한 봄처녀가 아쉽게도 찾아왔나 하면 어느새 자취를 감추니 안타깝기로 그지없다. 봄을 마음껏 즐기기도 전에 지구가 더워진다며 여름이 성큼 다가선다. 불순한 날씨에 주춤거리던 꽃들도 이렇듯 갑자기 더워지면 순서도 없이 함께 꽃잎을 펼치고 마는가 보다.

짧은 봄이 아쉽지만 한편으로는 배롱나무 꽃을 빨리 보게 되는 셈이니 자연 기다림으로 나날을 보낸다. 더위가 극성을 부려 모두가 지칠 무렵 붉게 꽃떨기를 다는 배롱나무야말로 꽃나무 중에 으뜸인 성싶다. 그 기다림과 설렘을 글로 적어보기도 하고, 노래하기도 했다.

나의 배롱나무 사랑은 어려서부터 시작된다. 고향의 신륵사로 놀러 가면 그 나무를 이름조차 모르면서 무턱대고 좋아했으니 철부지의 풋사랑이라 할지. 그때는 꽃이 예뻐 반한 것은 아니다. 둥치가 매끄러워 오르내리기 좋았고, 높지 않은 곳에 가지가 여럿 벌어져서 올라앉아 놀기가 편했기 때문이다.

철이 들면서 내 사랑은 깊고 뜨거워진다. 굳이 기어오르지 않고 떨어져 바라만 보아도 왠지 마음이 편하고 머리가 숙어진다. 그렇다고 배롱나무는 잘났다고 하늘 높이 치솟지도 않는다. 낮은 자세로 '굽은 가지가 많이 뻗어서 수형이 가부좌를 튼 것 같기도 하고, 자라면서 시커먼 껍질을 조금씩 벗어젖히며 매끄러운 살결을 드러내 보이니 수도승의 수행' 같아 뵈는 것이 좋아서이다.

목백일홍이라고 한 번 핀 꽃이 백일을 가는 것은 아니다. 화무십일홍이라 하지 않던가. 먼저 핀 꽃은 열흘이 못 가서 지겠지만 계속해서 새로운 꽃망울을 터뜨리니 백일을 피어 있는 상태인 셈이다.

속세를 저버리고 구도의 길에 들어섰다지만 젊은 나이에 끓어오르는 열정이사 어찌하겠는가. 솟아나면 지우고 또 지우며 기나긴 세월을 수행할 것이니, 염천에 더위가 다 가도록 꽃을 피워가며 열정을 불태우는 이 나무야말로 수도승과 더불어 수행에 정진하는 거룩한 수도목이 아니더냐. 속된 생각에 애처롭기는 하지만 절로 머리가 숙어진다.

-「배롱나무 꽃길」 중에서

배롱나무는 홀로 서 있을 때보다 특히 무리 지어 있어야 그 꽃이 사뭇 황홀하다. 배롱나무 꽃길에 나보다 더 홀린 상남 시백을 따라 뜨거운 여름이면 남녘으로 나들이에 나선다. 울진의 덕구리 고개를 넘으면 배롱나무들이 수십 리 긴 줄을 지어 도열한 꽃대궐을 만난다. '야트막한 키에 우산살같이 가지를 뻗어 붉은 꽃떨기를 잔뜩 달고, 스치는 바람결에 간질이지 않아도 바르르 떤다. 온 천지를 붉게 물들일 듯 타오르는 지심(地心)의 불길'을 나는 달린다.

(2012. 8.)

2

낯선 땅 구만리

그 나무를 만나러

“때 묻지 않은 자연의 신비로움이 있는 곳, 애니메이션 ‘월영공주’의 배경이 된….”

‘이철구 여행’의 메일을 열자 사슴의 등에 올라탄 원숭이 사진과 함께 나를 유혹하는 광고가 뜬다. 어디 그뿐인가, 수령 7,200년의 조몬스기(繩文杉)를 본다는 바람에 홀려 나는 가겠다고 당장 예약을 했다. 이 지구상에서 가장 오래 살아온 장수의 황제를 알현하는 꼴이니 선택이나 고려의 여지가 없지 않은가.

나이가 더해갈수록 때 묻지 않은 자연을 찾고 싶다. 그렇다고 아마존의 밀림을 다시 갈 수도 없는 노릇이니 가까운 곳만을 골라 다니기 마련이다. 그런데 그 신비로운 나무가 바로 이웃인 일본의 큐슈에 있을 줄이야…. 가고시마의 사꾸라지마(櫻島)가 연기를 뿜어내는 뉴스를 보고서도 내 가슴은 마구 설레어 출발을 강행하게 되었다.

가고시마항에서 쾌속정으로 두 시간쯤 남쪽으로 달리면 일본의 보물섬이라는 야꾸시마(屋久島)에 닿게 된다. 마침 호수같이 잔잔한 물결에 구름 한 점 없는 하늘, 올 들어 처음 보는 날씨란다.

맑은 날씨가 내일밖에 없다는 예보에 일정을 바꾸어 조몬스기 루트를 먼저 가기로 했다. 새벽 5시의 출발이다. 충분하게 쉬어야 하겠는데 도리어 잠을 설치고 말았다. 평소에는 양재천 산책로를 3킬로 정도 걷고도 피로를 느끼는데, 왕복 20여 킬로의 산행이라면 무리한 도전이다. 산에 오를 땐 칠부 능선으로 만족한다는 내 원칙의 파기다.

하필이면 이 신령한 나무가 해발 1,400미터의 산꼭대기에 자리 잡고 있을 줄이야. 갈 수도 안 갈 수도 없지 않은가. 고희기념으로 참가했던 백두산천지 종주의 괴로운 추억이 뇌리를 스친다. 팔순에 조몬스기 트레킹을 하다니 새로운 이정표를 하나 더 세우는 셈이다. 그러나 만약의 경우 구제책이 없는 산길로, 그 위험을 무릅쓰고 비장한 각오에 억지 결단을 내리고 말았다.

어둠 속에 좁고 꼬불꼬불한 길을 한 시간쯤 달려 해발 6백 미터의 아라가와 등산로 입구(荒川登山口)에서 버스를 내렸다. 날이 훤히 밝아오는데 바로 철로로 들어선다. 계곡을 따라 놓인 벌목용 협궤철로가 그대로 남아 등산로로 쓰인다. 이 길이 8킬로나 이어진다니 특히 돌아올 때는 피로에다 지루함으로 지치기 마련이란다. 중앙에 널빤지를 깔아 놓았으나 좁아서 바닥만 보고 걸어야 했다. 맑은 계곡물이나 우거진 녹음을 감상할 마음의 여유도 없었다. 지옥의 길이다.

발길을 옮길수록 숲은 점차 어두워진다. 이대삼(二代杉), 삼대삼(三代杉), 대왕삼(大王杉), 윌슨 그루터기(ウィルソン株) 등 2, 3천 년의 삼나무가 그득하다. 이 동리에서는 수령 천 년쯤은 되어야 삼나무(屋久杉) 대접을 받는다. 그 거목들을 바라보고 만져보는 시간만이 잠깐의 휴식 시간이다. 시간에 쫓겨 계속 걸어야 한다.

지루한 철로길이 끝나자 가파른 계단길이 나선다. 울퉁불퉁한 바위를 밟고 넘어간다. 3킬로 남짓하지만 숨이 턱에 가 닿는다. 얼마나 남았느냐고 수없이 물어도 조금이면 된단다. 정오가 훨씬 지나서야 조몬스기 앞의 마지막 계단을 밟았다. 먼저 오른 일행이 기다리다 박수를 쳐댄다. 격려 반 안도 반의 갈채일 게다.

산비탈 바위틈에 뿌리를 박고 거센 태풍과 폭설을 견뎌온 그 모습, 어느 인간 어느 짐승이 견줄 수 있으랴. 장수의 신목(神木)이다. 자세히 살피려고 고개를 뒤로 젖혀도 눈이 저절로 감긴다. 무사히 내려가도록 활력을 보태 주십사고 나는 빌고 있었다.

안내판을 보니, 높이 25.3미터, 지름 5.22미터, 둘레 16.4미터, 추정 수령 2,170~7,200년으로 적혀 있다. 어디 상한 곳 하나 없는 웅장한 모습이다. 참으로 신비롭다.

뒤편 산장으로 가서 도시락을 먹었다. 찬물에 주먹밥도 꿀맛이다. 이철구 사장이 김치를 나눠주니 그 이상의 반찬은 필요도 없다. 비닐봉지에 남은 김칫국물을 다가서던 사슴이 맛있게 핥는다. 그 녀석 운도 좋았다. 언제 또 그 환상적인 맛을 볼 수나 있을까 싶다.

옷은 땀에 흠뻑 젖어 냉기가 조여든다. 하산길이 까마득하니 바로 되돌아서야 했다. 다리가 후들거려 젊은 아줌마들의 가벼운 발걸음도 따라잡을 길이 없다. 지팡이에 의지하여 무거운 발을 묵묵히 옮긴다. 등산로 입구에 돌아오니 오후 5시 반, 장장 11시간 반의 행군을 기적적으로 해낸 꼴이다. 내 어찌 조몬스기를 잊을 수 있으랴. 용감한 도전이라기보다는 금기의 욕심이었던 게다. 다시는 노욕(老慾)의 덫에 걸리지 말자고 다짐해 본다.

외진 섬 산골마다 아름드리 삼나무들
우거진 풀숲으론 사슴들의 어슬렁댐
태고의 깊은 비밀을 가슴에 받아 안네

바위틈 산꼭대기 수천 년을 입 다물고
거센 바람 된서리 잘도 버틴 조몬스기
그 모습 하 신비해서 할 얘기도 잊었네

기나긴 철길 끝엔 험악한 돌계단을
찬밥으로 땀 흘리며 죽기로 걸었거니
그 나무 정기 받으며 꿈결로 돌아섰네

(2012. 3.)

쓰루노유 온천

– 아오모리 신록나들이 · 3

미야코 와스레의 웰빙 조식에서는 아키타의 명물인 이나니와 우동과 이철구 사장이 공수해온 열무김치로 입맛을 달랬다. 어제의 피로를 깨끗이 털고, 오늘은 치유의 비탕 쓰루노유(鶴の 湯) 온천을 찾는다.

뉴토산(乳頭山, 1,478m) 기슭의 뉴토온천향에는 여덟 곳의 온천이 각각 특색 있는 성분의 열탕을 뿜어내고 있다.

그중 쓰루노유 온천은 가장 오래된 곳으로 아키타 영주가 애용한 치유탕이다. 그 옛날 학이 상처 입은 다리를 고쳤다고 전해져 쓰루노유란 이름이 붙은 명천이다.

나는 몇 년 만에 다시 왔지만, 시골의 허술한 골짝과 나무를 엮어 세운 울타리며 자갈 깔린 보행로가 그대로 있어 한층 정겹게 다가왔다.

반경 50m 내에 성분이 다른 네 개의 원천탕이 있다. 구로유

(흑탕), 다키노유(폭포탕), 시로유(백탕)와 나까노유(노천탕)가 있다.

백탕은 유백색의 유황천이라, 들어가면 물 밖에 나온 몸만 보인다. 백탕은 여성 전용탕이고, 그 밑에 있는 노천탕은 수질은 같은 유황탕이나 노천의 넓은 공간을 이용한 남녀 혼탕이다. 노천탕엘 가려면 남녀 따로 마련된 탕의 밖으로 난 문으로 들어가 실내에 있는 다른 문을 열고 나오면 노천탕으로 연결이 되는 구조이다.

나는 유황탕 물에 오래 있기도 갑갑해서 10분 만에 일찍 나와 울타리 너머 평상에서 쉬고 있을 때다. 깔깔대며 비명을 지르는 여인들의 소리에 깜짝 놀랐다. 아뿔싸! 어쩌자고 백탕에서 타월만 두르고 밖으로 나왔나. 노천탕 홍보대사로 자원봉사라도 할 셈인가? 맨발로 노천탕 쪽으로 옮겨 가자니 자갈밭 길에 얼마나 아프고 위험한가! 노천탕을 원했으면 처음부터 다른 탕으로 갈 것이지… 호기심 많은 할망구들의 만용이 부른 해프닝에 관광객들만 눈요기를 했다.

먼 훗날, 학을 닮은 풍만한 여인들이 하지정맥류의 불편과 통증까지도 완치했다는 전설이 더해질지도 모를 일이다.

쓰루노유 온천 별관에서 숯불 위에 냄비를 걸어놓고 맛있는 산마된장전골을 먹었다. 물 좋고 쌀 많은 아키타 특유의 요리이니, 맛도 맛이려니와 분위기가 이색적이다.

오후에는 가뿐한 몸으로 무사의 거리, 가쿠노다테(角館)에 들렀다. 시간에 쫓겨 아오야기 가(靑柳家)의 전시실만을 둘러보았다. 특히 눈에 띄는 것은 그 당시 제작한 일본 지도다.

일본 영토라고 생떼를 쓰며 어린 학생들에게 한국이 강점했노라고 세뇌에 열을 올리는 섬, 다께시마, 그 독도가 분명 한국 땅으로 표시되어 있지 않은가. 그렇다면 우리도 우리 땅 대마도를 도로 내놓으라고 당당하게 주장해야 하지 않겠는가. 착잡한 심정으로 발걸음을 돌렸다.

지난날의 역사 속에 얼룩진 사무라이들의 비애를 알고 보면, 동북지방의 반골기질도, 많은 문인과 미술가를 배출한 예향의 의미도 이해가 된다. 아오모리의 모리(盛) 회장이 그렇게도 한국을 좋아하고 매사에 우호적이었던 것도 새롭게 가슴에 다가온다.

돌아오는 길은 다시 아오모리 공항까지 두세 시간을 달려야 한다. '이철구 여행'의 진면목이 드러나는 시간이다. 일본의 낯선 풍광과 이색적인 문화를 보여주고 안내하는데 그치지 않는다. 이 사장의 입담은 감성이 무뎌진 할머니들을 홀려 놓고 말았으니….

이른 바 '내 사랑, 참깨' 시리즈, 백두산 효도관광단을 안내할 때 벌어졌던 사건의 추억담을 털어놓는데, 흥미진진하다. 우리들의 빛바랜 자화상을 재조명하며 순박한 할머니들의 인정미에서 감동을 불러일으키는 옛이야기다. 그 '명품 주둥이'가 나들이의 깔끔한 마무리를 위해 던져주는 마지막 팁이었다. (2013. 5.)

외딴섬의 환생

몇 차례 미루다가 한 해의 꼬리를 감출 무렵에야 간신히 떠나게 된 나들이. 수없이 일본을 드나들었지만 시코쿠(四國)는 처음이다. 그 어느 때보다도 마음이 달뜬다. 외진 섬의 미술관을 보러 간다니 몇 점이나 모아 놓았을까 참으로 궁금했다.

시코쿠가 일본 열도 중에 네 번째로 큰 섬이기는 하나 외로운 섬이다. 소문난 명품 도시나 온천장이 있는 것도 아니니 찾는 이도 드물 수밖에 없다. 한때는 '죽음의 나라(시코쿠, 死國)'라고도 불렀다니 그 얼마나 서러웠을까. 게다가 나오시마(直島)는 그 시코쿠가 거느리는 수천여 개 섬 중에서도 둘레가 겨우 16킬로밖에 되지 않는 작은 놈이다.

다카마쓰(高松) 국제공항에서 리무진 버스로 사십 분이면 시내에 닿는다. 가가와현(香川縣)이 틀림이 없는데, 웬걸 거리엔 우동현(うどん縣) 방문을 환영한다는 문구가 붙었다. 이삼 년 전에 어

느 배우의 제안에 따라 가가와현 관광협회가 이곳의 명물인 사누기(讚岐)우동을 상징 상품으로 홍보하기 위해 붙인 통칭이라지 않은가. 일본에서 제일 작은 현이니 역사나 문화와 자연을 관광 자원으로 엮어서 살길을 찾으려는 치열한 생존 전략인 셈이다. 현명한 발상이랄까, 손바닥만 한 나오시마를 세계적 명소로 개발한 것도 바로 같은 맥락이라 하겠다.

아침 일찍 우리가 탄 배는 다카마쓰항을 떠난 지 오십 분 만에 나오시마의 관문 미야노우라(宮浦) 포구에 가 닿았다. 선착장 옆 넓은 잔디밭의 큰 호박이 눈길을 끈다. 속이 텅 비어 수십 명쯤은 들어갈 수도 있는 널찍한 철제의 시설물이다. 햇볕에 반짝이는 빨간 색채가 왠지 유난히 우릴 유혹한다. 단순히 호박의 이미지만을 풍길 뿐 특별한 쓸모가 있는 것도 아니고 별로 아름답지도 않은 이 괴물이 작품이라니…. 현대미의 특성이 바로 이런 설치미술에 있음을 이 섬 한 바퀴를 다 둘러보고 나서야 깨달았다.

이 작은 섬에 이름난 미술관만 세 개나 있다. 베네세하우스는 호텔을 겸한 미술관인데 건축물 그 자체가 작품이다. 뜰 앞에 벌어진 해변은 갖가지 미술품들을 설치한 전시장이기도 하다. 바닷물을 가르고 들어가 노랑 호박도 하나 띄워 놓았으니 미술에 크게 밝지 않은 나로서는 작가의 그 마음을 헤아릴 수가 없다.

베네세하우스에 짐을 풀고 바로 순환버스로 이우환(李禹煥)미술관 앞으로 갔다. 움푹 파인 골짝에는 무표정한 회벽과 우뚝 솟은 '기둥' 작품뿐이다. 그 앞으로 커다란 둥근 바윗덩이가 놓여 있다. 넓은 마당을 지나 겹겹이 세운 콘크리트 벽을 따라 간다. 반지하 구조의 건축물 안의 크고 작은 공간으로 들어간다. '만남의 곳', '침묵의 곳', '명상의 곳', '그림자의 곳'이란 방이다. 벽에 걸린 큰 작품이나 한가운데 놓인 돌덩이, 역시 내 눈에는 그저 낯설기만 한 고차원의 예술이다.

산꼭대기에 세운 지중(地中)미술관은 더 특이하다. 하늘에서 보면 빛을 끌어들이는 창 몇 개만 보일 따름이다. 동굴에라도 들어가는 듯 입구만 있을 뿐 모두가 흙 속에 묻혀 밖에서 보면 산등성에 다름 아니다. 매표소에서 미술관까지 오솔길을 따라 한참 올라간다. 길가에는 모네가 그렸던 연못을 만들고 그림에 나오는 수련이나 꽃들을 그대로 심어 놓았다. 내 눈으로 즐길 수 있는 설치미술은 이런 것뿐인 듯싶다.

실내로 들어서니 놀랍게도 모네의 대작(2m×6m), '수련의 못'이 거기 넓은 벽을 차지하고 있지 않은가. 바닥은 2센티의 각진 대리석으로 깔았고, 스며드는 햇빛으로 실내의 분위기를 은은하게 연출한다. 안팎에서 본 모네의 연못만으로도 관람료는 본전을 뽑았다고 자위했다.

다음 날 아침 일찍 이 섬의 중심마을(혼무라, 本村)을 둘러본다. 이곳도 우리네와 별반 다를 바 없어 노인들만 남고 집은 낡아 허물어지니 작은 포구 마을은 날로 활기를 잃어갔다. 그런데 뜻 있는 건축가와 미술가들이 몇 해 전에 '집 프로젝트'를 창안해서 마을을 살려내고 섬 전체를 미술의 낙원으로 바꿔놓았다. 역사와 미술과 자연을 융합하여 젊은이가 찾아들고 노인들의 얼굴에 웃음꽃이 피어나도록 '낙도의 환생'을 실현한 셈이다.

골목을 일일이 뒤진다. 소금을 모아 배로 실어 보내던 옛집은 개조하여 그 외벽은 불로 그슬린 널빤지로 씌웠다. 염분에 강한 전통 건축 방식을 되살려 낸 작품이다. 또 옛날 치과의사가 살던 폐가는 낡은 흙벽과 아이들의 낙서까지 그대로 살렸고, 겉에는 녹슨 양철쪼가리, 부스러진 널빤지 따위를 더덕더덕 붙였다. 우리나라 각설이패들의 누더기옷보다도 더 혼란스럽고 이상하기 만한데 그도 예술이란 이름을 얻었다.

'미나미데라(南寺)'란 작품은 더 괴상하다. 절집은 흔적도 없고 옛터에 불로 그슬린 삼나무 널빤지로 신축한 건물인데, 안내자를 따라 깜깜한 실내로 서로 손을 잡고 들어가 십여 분 참고 있으려니 앞면에 희미한 스크린이 보이기 시작한다. 어둠에의 적응과 광선의 작용에다 나름대로의 의미를 부여하며 아주 귀한 체험이라나…. '고오진자(護王神社)'는 원주민들이 받들던 진자의 원형을 만들어 놓고 빛이 들어오는 계단으로 지하의 석실과 연결을 해놓았다. 석실에서 밖으로 나오면 시원한 바다를 발아래로 바라다볼 수 있다. 토속신앙과 관습을 자연의 아름다운 풍광 속에 잇대어 현대적 감각으로 되살린 작품이란다.

돌아올 때 부두마을에서 목욕을 하자는 의견도 있었으나, 온천도 아닌 공중탕엘 가다니 번거롭기만 하다고 포기했다. 후에 알고 보니 'I ♡ 湯'란 작품이 아닌가. 어른들과 아이들이 어울려 애용하던 동리 목욕탕(센또, 錢湯)에 얽힌 기억들을 살린 작품이란다. 춘화벽화에 코끼리상도 있고 상상을 초월하는 작품들을 만날 수 있는 모양인데 이미 떠나왔으니 아쉬움으로 남는다.

현대미술가들의 반짝이는 아이디어와 역사가 잠겨 있는 자연환경을 낙원으로 살려내자는 건축가들의 뜻이 합쳐져 이런 성공을 거두고 있다. 세도(瀨戶)내해의 외진 섬이지만 몇 해 사이에 세계적으로 이름난 현대미술의 성지로 탈바꿈한다고 한다.

다카마쓰항 부두에 내리니 '2013 瀨戶內海國際藝術祭'의 현수막이 바람에 펄럭이고 있다. 저 축제가 끝나면 또 얼마나 기상천외의 작품들이 이곳 섬에 설치되어 우릴 다시 부풀게 할까.

(2012. 12.)

남녘땅의 낮과 밤

야꾸시마(屋久島)를 두루 돌아 마지막 날 가고시마(鹿兒島)로 나왔다. 시내를 구경하기로 한 예정을 바꾸어 도자기 가마 한 군데를 들르기로 했다.

정유재란 때 일본으로 끌려간 조선 도공 심당길(沈當吉)로부터 15대에 이르기까지 4백여 년, 조선도예의 비법을 전승하여 황무지와 같은 일본 땅에 화려한 꽃을 피운 명가다. 예약도 없이 수관도원(壽官陶苑)을 들어섰으나 다행하게도 14대 심수관 옹을 만날 수 있었다. 87세에도 정정하다.

공방과 전시관을 둘러보고 나니 250년이 된 접견실로 특별히 우리를 안내하고 다과까지 내어온다. 나에게 제일 안쪽 의자에 앉으라고 권하더니, 노대통령이 앉았던 자리라며 방문했던 한국의 저명 인사들에 관한 이야기의 꽃을 피운다.

심수관 집안의 가보 1호라며 자그마한 나무상자를 내어온다.

그 안에는 까맣게 결은 대나무통이 들어 있는데, 뜻밖에도 그 속에서 돌돌 말은 망사 같은 것을 조심스럽게 꺼낸다. 심당길 선조가 쓰던 망건이란다. 이제는 많이 삭아서 펼치기도 어렵다며, 수선할 길이 없어 안타깝단다. 조상의 혼과 피땀이 배어 있는 보물이라 어려울 때면 펴보고 마음을 다진다며 눈시울을 붉힌다. 이제는 이름만 세습할 뿐 한글도 말도 깡그리 잃어버린 일본인이지만 마음의 고향 남원은 잊지를 못한다 했다.

전시실로 다시 나와 도록을 한 권씩 사니 일일이 붓을 들어 서명을 해준다. '本是同根'이라고 쓰고, 본래 우리는 같은 뿌리라고 설명까지 해준다. 사쓰마 도기(薩摩燒)의 독특한 색깔인 검정색의 다기 한 벌을 기념으로 샀다. 그 잔을 바라보며 역사의 격랑 속에서 망향의 아픔을 삭이며 외롭게 살아온 조선 도공의 혼을 위로하고 정을 나누고 싶어진다.

마지막 밤을 보낼 호텔은 해수온천으로 유명하다 했고, 동행의 아줌마들은 쇼핑보다 더 좋다며 달뜬다. 수관도원을 나오자 다시 배를 타고 가고시마의 얼굴이라고 하는 사꾸라지마(櫻島)로 건너갔다. 며칠 전에 폭발한 화산은 잠잠해졌으나 나무 그늘의 흙은 까만 비단이라도 깔아놓은 것 같다.

차는 후루사도 관광호텔로 직행했다. 이름부터 잘 지었다. 후

루사도(古里)는 고향을 의미한다. 포근한 고향의 추억을 떠올리게 하는데, 탕의 이름마저도 '안은탕(安隱の湯)'이다. 탈의실에는 '따스한 평온은 누구라도 원하리/ 하루의 피로를 단숨에 털어버리니 더 없는 행복이네'란 시구까지 붙어 온갖 멋을 다 부렸다. 그러나 이 온천의 인기는 해변에다 만든 남녀 혼욕의 노천탕(龍神露天風呂)에 있다.

실내 대중탕을 나와 밖으로 간다. 20여 미터의 계단을 내려가면 바위로 둘러싼 웅덩이에 가 닿고, 수령 2백 년이 넘는 보리수의 뿌리가 늘어진 굴속으로 들어가면 불상까지 모시고 촛불을 밝혀 놓았으니 그 분위기마저 사뭇 마음을 가라앉힌다. 시원한 바람을 들이키며 바다를 바라보노라면 흰옷을 걸친 선녀들이 내려온 것 같은 착각에 빠지기 마련이다. 저녁에는 포근하고 새벽에는 더 없이 상쾌하다. 시 한 수를 얻었다.

때 없이 연기 뿜는 남녘땅의 벚꽃섬에
검은 재 뒤덮여도 열탕은 솟구쳐서
붐비는 고향 여숙은 내 집인 듯 아늑해

안은탕 유황 물로 엉긴 땀 털어내고
바닷가 노천탕에 지친 몸 담그려니
갯바람 하 시원해서 온갖 시름 날리네

화산이 자주 터져도 손님들이 찾아드는 까닭을 알 만하다. 이제 돌아갈 일만 남았다. 해수탕의 꿈속에서 여독을 말끔히 풀어 보리라.

(2012. 3.)

다시 찾은 장가계

십여 년 전에 장가계(張家界, 장자제)를 보고 얼마나 경탄을 했던가. 가슴속의 그 영상이 흐릿해지니 다시 한번 그 감동에 젖어보자고 찾아들었다. 십 년이면 강산도 변한다고 했던가. 산하는 변함없어 더욱 푸르고 울창하건만 사람이 개발한 환경은 놀랍게 달라졌다.

그때 적었던 '장가계 일지'를 들추어 보니 삭계욕의 보봉호와 황룡동굴을 보고, 천자산자연보호구에서 하룡(賀龍, 허룽)공원의 전망대까지 케이블카를 타고 올라갔다. 구름에 싸였던 뿌연 천지가 몇 분 후에 벗겨져서 그 놀라운 절경에 갈채를 보냈다. 금편계 계곡 길에서 지쳐버렸던 추억도 되살아난다.

그러나 초창기에 개발한 일부를 보았을 뿐, 이번에는 전혀 새로운 곳만을 보며 다시 놀랐다. 기발한 착상에 상상을 초월하는 도전이다. 자연환경을 파괴한 것이 아니라 아름다운 산하의 속살을 찾아내, 보는 이의 가슴속에 감동의 영상을 심어주지 않는가. 내 건강 상태라면 괜찮다는 여행사 사장의 권유로 또 따라 나섰는데, 참으로 잘 갔다.

무릉원 골짝에 자리 잡은 하르모나 리조트(Harmona Resort: 禾田居度假酒店)에 짐을 풀었다. 양쪽으로 절벽이 솟고 사이에 좁은 강이 흐른다. 집이 들어설 만한 터를 찾아 앉힌 객실이 여기저기 흩어져 있다. 카트를 타고 이동을 하니 낯선 분위기다. 일행 8명에 현지 가이드 4명이니 오붓한 여행이다. 알고 보니 여행사에서 새 상품을 마련하느라고 점검하는 답사여행이었다. 모두 요리상에 둘러앉아 맛까지도 평가를 하며 협의를 하니 나그네도 주인이 된 느낌이다.

운 좋게도 날씨가 맑아 장가계의 민낯을 마음껏 엿볼 수 있었다. 첫날 아침 십리화랑(十里畫廊)부터 갔다. 입구에서 얼마쯤 걸어가니 수직으로 솟구친 바위기둥들이 갖가지 모양을 뽐내며 우리를 환영한다. 격지격지 포개서 쌓아 올린 석영사암(石英砂岩)의 봉우리가 이 지대의 특색이다. 무려 3,100여 개의 봉우리라니 신비롭기 이를 데 없다. 그래서 봉림(峰林)이라고 한다.

그림같이 아름다운 봉우리들이 도열한 십리화랑의 골짝을 편도 5.8㎞나 되는 모노레일을 타고 하는 황제관광을 즐긴다. 맨 끝에 솟아 있던 삼자매봉의 위용이 눈에 선하다. 어필봉(御筆峰)

을 비롯해 노인봉, 선녀배관음(仙女拜觀音), 미혼대(迷魂臺) 등 가지가지 특색 있는 이름을 붙여 놓았으나 일일이 기억할 길이 없다.

오후엔 천자산(天子山, 톈즈산)을 올랐다. 사방이 기암절벽이라 암벽의 위용에 식상할 지경인데, 또 놀래주는 괴물을 만난다. 높이 326m의 엘리베이터, 백룡천제(百龍天梯)를 타야 한다. 수직 절벽의 옆구리에다 붙여 놓았으니 또 하나의 인공 사각봉우리가 아닌가. 세상에서 제일 높고, 가장 빠르며, 적재중량이 제일 크다고 자랑을 한다. 할 말을 잊는다.

다음 날은 장가계 시내에서 올려다보이는 천문산(天門山, 해발 1,518.6m)을 올랐다. 팔 학년의 노인도 고소공포증만 없다면 걱정할 필요가 없다. 세계에서 가장 긴 케이블카(天門山索道)가 놓여 있기 때문이다. 장장 7,455m의 외줄에 매달려 반시간을 넘게 골짝을 내려다보며 달린다. 케이블카를 내리면 봉우리를 끼고 한 바퀴 돌아 천문동(天門洞)에 이른다. 이 하늘공원의 길들은 거의 인공으로 만들어 절벽에 붙여 놓은 잔도(棧道)다. 유리 잔도에서 내려다보면 비행기에서 내려다보는 느낌이니 오금이 저려온다. 귀곡잔도(鬼谷棧道), 천문산사(天門山寺)를 거쳐 뻥 뚫린 천문동 동굴 문을 바라보면서 하산 길에 오른다.

하산도 계단길이 아니고 에스컬레이터를 타니 걱정할 필요가 없다. 그러나 또 놀라게 된다. 바위산을 뚫고 그 속에다 설치했다. 상상을 초월한다. 100여 m의 긴 에스컬레이터를 일곱 번이나 갈아타고, 다시 방향을 바꿔 다섯 번이나 갈아타고 나오면 천문동이 까맣게 올려다보인다. 여기서부터는 버스로 구곡양장 절벽을 끼고 내려온다. 참으로 가슴 졸이며 즐기는 천문산 관광의 백미라 하겠다.

하산하여 시내로 들어왔다. 늦은 점심이지만 한식으로 송이파티를 하자고 독도식당(獨島餐廳)으로 찾아갔다. 귀한 송이를 두껍게 썰어 내왔고, 탕도 맛이 없다. 누군가 소면 탕에 송이를 곁들이면 좋다고 한다. 소면을 사러 갔으나 없어서 라면을 사왔다. 드디어 이 사장이 팔을 걷어붙이고 식칼을 잡았다. 얇게 저민 송이를 구워 대며 새로 개발한 '송이라면'으로 요리 실력을 과시했다. 덕분에 우리는 송이로 포식을 했다.

일찌감치 상해 홍차오(虹橋)공항 근처의 호텔에서 쉬었다. 다음날 오진(烏鎭, Wuzhen)으로 가기 위해서다.

상해서 오진까지 근 두 시간을 달려도 산은 만날 수가 없다. 오진이 가까울수록 여기저기 연잎이 사방에 깔려 있다. 이름난 수향(水鄕)임을 실감한다.

오진의 서책경구(西柵景區)에 짐을 풀었다. 누군가 이 도시는 베니스와 교토를 합친 분위기라고 한다. 동서로 뻗은 중앙의 수로를 중심으로 구석구석 물길이 연결되고, 노를 젓는 나무배가 오가니 베니스가 연상된다. 고색창연한 검정 목조건물이 600여 년 전의 모습을 드러내니 일본 사무라이들의 거리가 연상된다. 옛날 마을의 수로와 건너가는 돌다리들의 모습을 그대로 재현하고 목재와 새겨 넣은 문양까지도 정교하게 살렸다. 아무튼 타임머신을 타고 명, 청시대로 돌아간 듯 옛 정취가 물씬 풍기는 짝퉁도시를 거창하게 만들었다. 안에 들어가면 오만 가지 현대식 매점을 차려놓고 나그네를 홀리니, 이곳에서도 또 한 번 혀를 차지 않을 수 없다.

골목길을 돌아보다 내 눈이 끌린 곳은 전족박물관(三寸金蓮館)이다. 전족(纏足)의 악습이 지금은 없어졌지만 나는 어려서 보았기에 감회가 새롭다. 어떻게 10㎝로 발을 묶어 놓고 뒤뚱거리는 모습을 보고 즐겼을까. 그것도 자랑스러운 문화라고 박물관까지 차려놓았으니.

(2014. 4.)

옛사람(朱子)을 만나러

삼월도 중턱을 넘어서니 서울까지 꽃소식이 올라왔다. 사월의 송천서회 회원전에 내어 걸 작품까지 마감하고 나니 더없이 마음이 홀가분하다. 주희의 「권학문(勸學問)」 시를 수없이 쓰다 보면 그가 살던 고장마저 궁금해진다. 때마침 여행사로부터 중국 무이산(武夷山)의 동영상을 보내왔다. 참으로 절경이다.

조선의 유학자들이 그렇게도 가보고 싶어 했던 수렴동(水簾洞, 수이렌동)의 무릉도원이 무이산에 있다. 율곡이 흉내낸 '고산구곡가'의 원본 격인 주희의 '무이구곡가'도 바로 이곳의 풍광을 읊은 것이다. 그러니 무이산은 차(茶)의 성지로도 알려졌지만, 바로 유교의 성지가 아닌가. 작년부터 힘든 해외여행은 자제하기로 했으나 파계승이 되는 수밖에. 그저 가슴이 벅차오를 뿐이다.

샤먼(厦門)공항에서 국내선으로 바꿔 타니 40분 만에 무이산공항에 내려준다. 편하게 와 편하게 푹 쉬었다. 이른 아침을 마치자 총 길이 9.5킬로의 무이구곡계(武夷九曲溪)부터 시작했다.

주희가 거슬러 오르며 노래한 강을 우리는 거꾸로 내려오며 구곡을 감상한다. 육인용 대나무 뗏목(주파이, 竹排)에 몸을 싣고 물길 따라 유유히 흐른다. 사공의 구성진 뱃노래가 울려오는 듯 태고의 정취에 흠뻑 젖어든다. 계곡 속의 강이니 그리 넓지도 깊지도 않다. 옥빛 청정수에 좌우 전후방이 기암절벽으로 찼으니 바위숲을 헤집으며 굽이굽이 돌아간다. 탄성이 절로 터진다.

얕은 강 맑은 물살 주파이(竹排)에 몸을 싣고
여울목 자갈밭에 삿대 찍는 처녀 사공
구성진 노랫가락이 가슴 깊이 적시네

태산의 웅장함, 화산의 험준함, 황산의 기이함, 계림의 수려함을 두루 갖췄다는 무이산이 아닌가. 옹기종기 솟은 봉우리가 서른여섯이나 되며, 99개의 기암괴석이 구석구석 박혀 있으니, 중국에서 처음으로 지정된 유네스코의 세계자연유산임이 실감이 난다.

구곡계의 중심 오곡(五曲)에 이르면 북쪽에는 은병봉(隱屛峰)이 우뚝 하고, 그 아래 주자가 세운 무이정사가 있다.

입구에서 주자의 조각상이 우리를 반긴다. '武夷精舍(무이정사)'

란 네 글자가 걸린 큰 문을 지나 얼마쯤 가면 서원의 낡은 건물이 시선을 끈다. 여러 방 중에서도 특히 강의실이 흥미롭다. 중앙에 스승이 서고 앞에는 좌우로 여러 제자들의 상(像)이 놓였다. 모두 의자에 앉아 있으니, 아무래도 상징적인 조형물일 뿐 그 옛날에 의자에 앉았을 것 같지는 않다.

아무튼 우리는 제자 상 옆 의자에 걸터앉고 스승상 옆에는 이 철구 사장이 서서 강론을 편다. 주자의 심오한 사상은 아니지만 그의 생애와 업적을 듣고 그 위대함을 새삼 느꼈다. 무이산에 찾아들어 사서(四書)의 집주(集注)를 저술하면서 성리학의 체계를 확립했다. 성리학은 조선의 통치철학으로 전해져 오늘까지 이르렀으니 그 어느 성인군자보다도 큰 영향을 끼친 셈이다. 옷깃을 여미며 내가 쓴 「권학문」을 되뇌어 보았다.

스승 중 으뜸(萬世宗師)이라 제자들 모여들고
우주 원리 세상 이치 써내고 가르치니
뉘라서 그 깊은 철학 거스를 수 있으랴

나는 수렴동에 제일 마음이 끌린다. 수직 절벽에서 물이 갈기갈기 흩어져 떨어질 때는 마치 물로 발을 친 것 같다고 하여 붙은 이름이다. 그 까마득한 절벽 아래 놓인 일자집이 삼현사(三賢

祠)다. 주자의 스승인 유자휘(劉子翬)가 죽자 그를 모시는 사당에 주자는 百世如見(백세여견, 영원히 뵙는 듯하다)이란 현판을 써 걸었다. 그 후 유자의 장자인 유보(劉甫)와 주자까지 함께 그 시대의 삼현을 모시게 되어 오늘의 삼현사가 되었다.

수렴동 사당 벽에 '백세여견' 써 붙이니
세 스승 함께 모셔 언제나 뵐 수 있고
내 생각 막힐 때마다 수렴청정(水簾聽政) 청하리

금년에는 수렴동에도 비가 적게 와서, 비류직하삼천척(飛流直下三千尺)이란 글귀가 무색하게, 백여 미터 높은 곳에서 쏟아지는 물의 발을 못 보는 것이 아쉬움으로 남을 뿐이다.

(2015. 2.)

태항산 골짝을 누비며

태항산(太行山, 타이항산)은 한 덩어리 산이 아니다. 중국 그 넓은 벌판의 하북, 하남 및 산서 세 성(省)에 걸쳐 뻗어 내린 거대한 산맥이다. 남북이 약 600킬로, 동서가 250킬로나 되니 남한의 1.5배가 넘는다. 임주(林州)시를 거쳐 들어가는 '태항산대협곡'을 그들은 China Taihang Grand Canyon이라고 자랑한다.

팔순을 넘기면서 해외여행을 안 하기로 다짐했건만 고향의 후배들과 가는 마지막 나들이가 되겠다 싶어 또 파계승이 된 셈이다.

도화곡(桃花谷) 초입에 이르자 갈등을 느낀다. 일행은 험한 골짝 길로 들어선다. 중턱에 자리 잡은 도화동 마을까지 한 시간 반쯤 걸린다니, 사력을 다하면 못 갈 것도 없겠지만 다음 날의 일정을 위해서 체력을 아끼자고 마음을 달랬다. 트레킹에 자신이 없는 몇 사람은 소형버스를 타고 오른다.

차창 밖으로 내려다보는 골짝은 참으로 놀랍다. 잔도(棧道)를 따라 바위틈을 헤집으며 가파른 계단을 오른다. 맑은 물이 바위를 타고 쏟아진다. 걷고 싶은 충동을 느끼나 이미 정한 마음을 어쩌랴.

탄성만이 절로 터진다. 버스가 꼬부랑길을 돌 때마다 웅장한 태항은 그 모습을 바꾼다. 깎아지른 절벽은 끝이 없고 벼랑 위로는 숲이 우거져 푸른 띠를 이뤘다. 그 위에 또 절벽을 쌓고 푸른 띠를 두르니 그 층수 헤아릴 길 없는 대자연의 파노라마다. 산허리를 꼬불꼬불 깎아낸 좁은 비탈길을 빵빵대며 달리는 '빵차'는 거침이 없다. 굽이마다 마음을 졸인다. 가슴을 부풀리는 '산수관광'에 담력을 기르는 '빵차체험'이 아니던가.

얼마를 달렸을까, 드디어 험준한 왕상암(王相岩)에 이른다. 상(商)나라 왕인 '무정'을 비롯해 많은 명인들이 피난을 와 은거생활을 했다는 험한 골짝이다. 이곳 정상에서 내려가는 벼랑길 또한 한 시간 반이나 걸린단다. 시간이 문제가 아니라 천야만야한 허공에 걸린 나선형의 철계단을 돌아야 하니 노약자는 되도록 삼가란다. 속이 상하기는 하나 어쩌랴. 또 마음을 비우고 아쉬움을 남긴 채 돌아서는 빵차에 몸을 맡겨야 했다.

다음 날도 더없이 날씨가 맑아 구석구석까지 엿볼 수 있었다. 일정도 여유가 있어서 예정에 없던 통천협(通天峽) 구경을 오전에 먼저 하기로 바꿨다. 이름대로 하늘로 통하는 협곡이었다. 최근에 개발이 되어 아직은 붐비질 않는다. 그러나 초입의 광장에는 매표창구를 열여덟 개나 마련해 놓았으니 서울대공원과 대조가 된다. 먼 앞날을 내다본 통 큰 시설이 부럽기마저 하다.

케이블카로 꼭대기 능선까지 직행한다. 산상 식당인 능공각(凌空閣)에서 발아래로 깔린 많은 봉우리와 골짝을 내려다보며 산채 비빔밥을 먹는다. 생각만 해도 군침이 돈다.

점심을 마치고 능선 따라 돌계단을 오르내리며 전망대까지 걷는다. 투명한 유리 발판으로 봉우리를 덮었다. 하늘에 붕 뜬 기분이니 통천협 관광의 백미가 아닌가.

오후에는 신선들이 노닐었다는 만선산(萬仙山)을 올랐다. 빵차를 타고 30분쯤 달렸을까, 절벽장랑(絶壁長廊)을 만난다. 세계 8대 기적으로 꼽히는 1,250미터의 동굴 도로다. 곽량촌(郭亮村)의 주민 13명이 5년의 사투 끝에 1977년에 완공했다는 인간승리의 기념비다.

절벽 따라 망치와 정으로 굴을 뚫고, 군데군데 창문같이 바위벽을 털어내 길을 밝힌 원시적 육탄 공사의 현장을 달린다. 이 길이 개통되자 오지 마을은 관광지로 단번에 각광을 받는다. 항일 전쟁영화는 거의 모두가 이곳을 배경으로 촬영을 했다나.

절벽 길을 빠져나오며, 중국인의 강인한 도전 근성에 누군들 혀를 차지 않을 수 없으리. 가슴이 절로 뭉클해 온다.

마지막 날은 아침부터 서두른다. 구름은 없지만 안개처럼 뿌연 스모그가 천혜의 풍광을 가린다. 큰 골짝마다 풍경구가 다르니 빵차를 여러 번 갈아타며 하늘과의 경계를 이룬다는 천계산으로 찾아든다. 태항산의 절경을 고루 갖춰 놓은 명승지다.

그 많은 봉우리 중에 제일 높다는 노야정(老爺頂)을 찾아 천야만야한 절벽을 끼고 굽이굽이 돌아간다. 중턱쯤 올라왔을까, 운봉화랑유람구(雲峰畵廊遊覽區)에서 차는 산허리를 한 바퀴 돈다. 솟구친 절벽에 철계단을 달아 놓고 내려가 보란다. 그런 전망대를 몇 군데 거친다. 아름다운 풍광이 이어져서 이름도 운봉화랑이다.

마흔네 개의 케이블카를 줄줄이 매어 달고 운행하는 청봉관삭도(淸峰關索道)로 정상 가까이 오른다. 유달리 뾰족하게 솟구친 봉우리가 눈앞에 다가선다. 정상에 세운 정자까지 이어진 갈지(之)자 계단길이 가슴을 뛰게 한다. 태항의 정기라도 받으려는지 모두들 앞다퉈 달려간다.

긴 여정의 결승점에라도 들어서는 듯 나도 신발 끈을 조이고 첫 계단을 디뎠다. 팔백팔십팔 개의 계단 수도 대단하지만 좁고 가팔라 숨 쉴 틈도 주지 않는다. 헐떡이며 이백오까지 세었지만 너무도 힘겹다. 평소에 '칠부능선까지만'을 내세운 나지만 그마저 체념하는 허망한 순간이다. 마음을 비우자며 되돌아서고 말았다.

(2015. 5.)

차마고도(茶馬古道)

마지막 도전으로

영상으로 본 차마고도의 아찔한 벼랑길이 얼마나 멋이 있던지, 꼭 한번 나도 도전하리라 별러오던 터였다. 히말라야의 빙벽을 오르기도 하는데 말을 타고 넘는 것도 못하랴 싶어 괜한 용기를 냈다.

성도에서 하룻밤을 쉬고 몽정산(蒙頂山, 멍딩산)으로 향했다. 사천성 야안(雅安)에 있는 명산이다. 그리 높지는 않으나, 비가 많이 오고 지세도 남쪽이 낮아 참 아늑하다. 봉우리들 사이로 맑은 물도 흘러 녹차경작의 최적 환경이란다. 중국 녹차의 시배지이며 명차의 산지이고 보니 옛날 차마고도의 시발점이 되었다.

한(漢)나라 때부터 재배한 이곳의 차는 향이 좋아 황실에도 진상했다. 차 향내 뿜어대는 밭이랑을 지나 나무 그늘 아래 차린 노천차실에서 모봉, 감로, 황차 등 명차들을 마음껏 시음하자니 우리도 한나라 황제의 팔자쯤은 부러울 게 없었다.

샹그릴라(香格里拉)를 넘어

다음 날 아침은 좀 일찍 서둘렀다. 붐비는 샹그릴라행 비행기를 타기 위해서다. 이륙 후 한 시간쯤 되었을까, 활주로도 하나뿐인 산악지대의 외딴 비행장에 착륙했다. 이곳 샹그릴라는 해발 3,200미터의 고산지대로 티베트의 관문이다. 본래는 운남성(雲南省, 윈난성) 띠칭 장족자치주(迪慶藏族自治州)의 쭝띠엔(中甸)현이었으나 여러 경쟁지를 물리치고 '샹그릴라'시가 되었다 한다.

샹그릴라는 1933년 영국인 작가 제임스 힐튼이 쓴 소설 『잃어버린 지평선(Lost Horizon)』에 나오는 이상향이다. 그 소설이 영화로 제작되면서 폭설과 혹한 속에 티베트인이 살고 있는 심산유곡이 신비의 땅으로 많은 사람의 뇌리에 각인되었다. 이에 착안한 중국 당국은 설산과 대초원, 강과 협곡, 원시림과 다양한 동식물, 티베트인의 종교가 고루 갖추어진 곳을 찾다가 골라낸 곳이 바로 쭝띠엔이다. 2001년에 샹그릴라로 개명을 하자 한 해에 몇 만 명밖에 안 오던 관광객이 백 수십만 명으로 늘어나게 되었다. 짝퉁도시가 갑자기 유명세를 타고 번창하게 되었다나.

우리는 티베트풍의 샹그릴라 고성과 작은 포탈라궁이라고도 불리는 송찬림사(松贊林寺)를 둘러보았다. 아침에 고산증을 대비해서 약을 먹었는데도 숨이 차오른다. 중환자같이 한 발 한 발 서서히 옮기며 까마득한 꼭대기의 사원들을 돌아 나왔다. 라사에 있는 포탈라궁과는 비교가 안 되지만 그곳을 가보지 않은 관광객의 시선을 끌기에는 족하다. 티베트까지도 깊숙이 한족화가 되어 명목상의 자치구가 된 마당에 짝퉁도시의 짝퉁사원에서 장족문화의 진수를 맛볼 수는 없을 터, 어차피 겉모습의 구경에 만족하는 수밖에 도리가 없지 않은가.

호도협(虎渡峽)으로

샹그릴라의 산등을 넘으면 고산증의 걱정은 접어도 된다. 계속 협곡을 타고 내려간다. 첩첩이 쌓인 수직 협곡을 굽이굽이 돌아간다. 장강의 발원지가 바로 이곳이다.

양자강의 상류인 금사강(金沙江, 진사강)가로 내려서니 길옆에 호도협을 알리는 팻말이 서 있다. 이곳에서 다시 산악용 차에 나눠 타고 벼랑길을 오른다. 차에서 내리니 협곡이 발아래 까마득하게 보인다. 이곳부터 한두 사람이 겨우 지나갈 만한 자갈밭길을 말등에 실려 십 리쯤 올라간다. 험난한 차마고도의 진수를 체험하는 이번 여정의 백미다.

나는 제일 큰 말을 골랐다. 그런데 작은 조랑말도 곧잘 가건만, 이놈은 힘에 겨운지 후룩 후룩 한숨을 쉬어 불안하게 한다.

좁은 길이 빗물에 씻겨 가운데가 골이 파였는데 꼭 그 오른쪽 언덕길을 딛고 가니 말의 심보를 알 길이 없다. 풀잎에 가려 몇 센티만 밖으로 헛디디면 천야만야한 절벽인데… '설마하니… 네 놈도 함께 죽을 터인데…' 하고 마음을 달래지만 뒷발을 차며 바위를 오를 때는 정말 간이 오그라든다. 얼마를 이렇게 가다가 산장에 이르니 말에서 내리란다. 잠깐 쉬어 가는가 했더니 다 왔다고 한다. 안도의 숨을 쉬었으나 한동안이나마 험로를 동행한 말을 떠나보내자니 아쉬운 마음도 금할 수 없다.

산장에서 다시 차로 구불구불 내려가니 호도협 전망대에 이른다. 가장 좁은 협곡이고 낙차가 가장 큰 곳이어서 발아래 내려다보이는 흙탕물은 흐른다기보다 소용돌이치며 도리어 솟구쳐 오른다. 넓이 30미터의 강 복판에 큰 바위가 솟아 그것을 딛고 호랑이가 건넜다는 전설이 있어 호도협이란 이름이 붙었다. 아래위로 끝없이 뻗은 협곡에 하늘을 찌르는 산봉우리가 구름에 묻혀 경계를 분간할 수 없으니 자연의 웅대함과 신비에 다시 할 말을 잊는다.

한국의 샹그릴라

동행했던 구형우 회장 내외분이 차마고도 여행의 뒤풀이라며 자신의 집에서 모이자고 초대를 해주셨다. 양평 용천리의 골짝을 따라 높이 올라선 곳에 자리 잡은 저택이다. 계단을 좇아 정원에 서는 순간 탄성이 절로 나온다. 이곳이 바로 한국의 샹그릴라가 아닌가. 탁 트인 시야에 서늘한 골바람이 늦더위에 달아오른 마음과 몸을 단숨에 식혀준다.

우거진 등나무 밑의 식탁에는 맛있는 음식이 푸짐하다. 특히 묵은 김치, 묵은지 조림, 감칠맛 나는 깻잎장아찌며 닭강정, 들기름으로 비빈 겉절이 비빔밥, 안주인의 정성과 손맛이 돋보이는 황홀한 만찬이다.

어둠이 깃들자 멀리 양평 시가의 불빛마저 별빛으로 바뀌더니 이 또한 샹그릴라에서는 볼 수 없는 장관이 아닌가. 올가을의 울릉도, 이탈리아 여정까지도 들먹이며 웃음꽃으로 저물녘의 숲속 정적을 우리는 흔들어 댔다.

(2010. 5.)

알혼섬 지킴이

우르쿠츠크를 아침 일찍 벗어나 몇 시간을 버스로 달렸어도 그 넓은 들판은 푸르기만 한데 가녀린 들꽃들은 말없이 미소를 보낸다. 점심을 먹고 두 시간쯤 더 달려서야 그렇게도 그리던 바이칼호 선착장에 도착했다. '시베리아의 진주'로 불릴 만큼 아름답고 경이로운 호수가 눈앞에 펼쳐졌다. 그 푸른 물결을 보는 순간 시베리아 횡단철도의 4인실 침대차(쿠페)에 갇혀 25시간을 몸부림치던 지루함과 불편함의 기억도 깨끗이 사라지고 기쁨과 감격으로 가슴이 마냥 부풀었다. 6월 하순의 날씨이건만 바람이 싸늘하다. 서울의 겨울바람보다도 매섭다. 모두들 털옷을 꺼내 입었다. 시베리아의 찬바람을 온몸으로 맛보며 떨어야 했다.

바이칼은 파도가 없는 바다다. 세계에서 가장 오래되고(2500만 년) 길이가 무려 636킬로나 되는 큰 호수다. 담수량 기준으로는 가장 크고 깊으며(면적 3만 1천 500㎢, 수심 1천637m), 차갑고 깨끗한(물

밑 가시거리 40.5m) 민물호수이다. 그대로 떠 마셔도 좋은 깨끗한 물을, 전 세계 담수 총량의 20퍼센트, 러시아 전체 담수량의 90퍼센트나 담고 있다. 여름 한철 푸른 모습을 보여줄 뿐, 동토의 계절이 다가오면 어쩔 수 없이 수면을 얼음으로 감추어야 한다. 그 시린 물이 밖으로부터 더럽혀질 수도 없으려니와, 스스로 자정 능력을 갖추고 있다. 호수 바닥에서 냉천과 온천이 항상 솟아나고, 200미터 이하는 수온이 항상 3.6도를 유지하는데다, '에삐쉬라'라는 새우들이 연 2, 3회의 수질정화를 해낸다니 얼마나 신비로운 호수인가.

바지선을 타고 15분쯤 가면 알혼섬 선착장에 도착한다. 바이칼호 안에 있는 26개의 섬 중에서 가장 큰 섬, 바이칼의 핵이다. 이 섬이 있기에 바이칼을 찾게 되고, 역사적 문화적 의미가 살아난다.

제주도 절반 크기의 섬인데, 3년 전에야 전기가 들어와서 이제서 문명의 혜택을 누리기 시작했다. 중심 마을인 후지르 마을에서 이틀 밤을 쉬었다. 처음으로 단체손님을 받는다는 통나무집 여관이다. 멀리 호수까지 가서 퍼온 물을 생활용수로 쓰니, 60년 전으로 돌아간 느낌이다. 여주읍에도 상수도가 없던 그 시절, 아침이면 물지게를 지고 한강변의 미끄러운 비탈길을 오르내려야 했다. 세수한 물도 아까워 그냥 버릴 수가 없었는데, 이곳에서 그때의 우리 모습을 본다.

청정호수 속에 자리한 알혼섬에서 물이 없어 세수하기를 포기했다면 쉽게 이해가 될까. 물이 귀하니 반야(사우나) 시설이 있는 집을 돌아가며 이웃들이 공동으로 이용하는 것이 그들의 목욕문화다. 반야시설은 곧 부의 상징이란다.

공동세면장에 매달린 4개의 납작한 물통에서 졸졸 흘러나오는 물로 겨우 양치질을 하는 데 그쳤다. 반야의 불도 손님이 사전 예약을 해야 지펴주는데, 그나마 드럼통의 물을 몇 바가지 퍼서 끼얹고 말아야 하니 몸의 열기만 식히는 정도이다. 물 쓰듯 쓴다는 표현이 나올 정도로 마구 쓰는 물, 내일을 생각하지 않고, 지구촌의 온갖 물을 오염시켜가는 우리의 생활방식을 다시 한번 되돌아보게 한다.

열악한 생활환경이지만 많은 이방인들이 이 섬을 찾아오는 까닭은 현대문명이 오염시키지 않은 자연 그대로를 체험하려는 것이리라. 섬의 북쪽으로 갈수록 수직 절벽의 경관이 아름답다. 높은 산에는 아름드리 노송 숲이 이어지고, 언덕배기를 넘을 때면 서낭당을 만나게 된다. 소나무를 깎아 만든 장승이며 돌더미, 소나무 가지에 감겨 있는 오색의 천들, 그 아래 놓인 엉성한 제사상과 흐트러진 동전이며 담배, 먹을거리 등은 어렸을 때 본 고향의 서낭당 분위기가 아닌가.

특히 후지르 마을에는 '불한'이란 바위가 있어 우리들의 마음을 사로잡는다. 숙소에서 10여 분 거리의 호숫가에 솟아 있는 그 바위를 아침과 저녁 두 번이나 찾아갔다. 바이칼호수는 중앙아시아 유목민족들의 마음의 고향이자 우리 민족의 혼과 문화의 발상지라고 하는데, 우리의 시조가 태어났다는 설화 속의 그 보금자리가 바로 저 바위라니….

수정처럼 맑은 바이칼의 물속에는 철갑상어, 오무르라는 물고기, 네르빠라는 담수물개, 갈랴만까라는 투명한 고기를 비롯해서 1,500여 종의 다양한 생물들이 살고 있다니, 호수 자체가 살아 있는 생태박물관이라고도 하겠다.

그러나 알혼섬을 여기저기 둘러보는 일정 중에서 더욱 내 마음에 와닿은 곳은 마지막으로 들른 후지르 마을의 초라한 민속박물관이다. 초등학교 옆에 붙어 있는 이곳은 아마도 창설자가 살던 집이었던 것 같다. 간판도 없는 입구로 들어서면 교실 넓이만 한 전시실이 나온다. 초등학교 교장선생이 아이들과 함께 평생 모아들인 물건들이 옹기종기 모여 있다.

조잡한 공예품과 생활용품으로부터 농기구, 고기잡이 도구들, 호수와 산에서 살던 동식물의 표본들, 사진과 서적, 졸업장과 일기장, 빛바랜 편지까지 이 섬에 관한 것이라면 무엇이든 소중히 여겨 모았다. 교장선생이 타고 다니던 오토바이가 가장 비싸고 큰 물건일 것이다. 낡아서 만지면 부서지기라도 할 듯한 것들이지만 섬사람들의 생활상과 땀 어린 정성, 향토를 사랑하는 마음이 그대로 엿보인다. 세계의 도처에서 빼앗아 온 진귀한 물건이나 거창한 보물들이 즐비한 대영박물관이나 루브르박물관을 볼 때보다도 마음이 뜨거워지는 것은 어찌된 일일까.

그 교장선생은 가고, 아버지의 간절한 편지 한 장을 받은 그의 딸이 도시에서의 교직생활을 접고 고향으로 돌아왔단다. 알혼섬을 사랑하고 박물관을 지키려는 대를 이은 부녀 지킴이가 있어 알혼섬은 영원히 빛나리라.

(2009. 6.)

폴란드의 그늘진 관광지

11시간 반을 날아와 프라하 공항에 내리니 해는 도무지 질 생각을 않는다. 참으로 길고 긴 하루를 지내는 셈이다. 침대에 누웠지만 잠을 번겨, 자는 둥 마는 둥 하고 아침 일찍 폴란드 국경을 넘는다. 그렇게도 화창하던 날씨가 돌변하여 비를 뿌린다. 창밖의 들판 풍광이야 더 운치가 있지만 우리가 찾는 그곳의 악명 높은 수용소 분위기엔 맞춤인 듯하다. 버려진 흉가라도 찾아든 것 같은 음산한 분위기였다.

크라카우는 옛날의 수도로 이름나기보다 그 가까이에 있는 오시비엥침(Ocwiecim) 수용소와 비엘리츠카(Wieliczka) 소금광산 때문에 더 잘 알려지고 있다. 특이한 관광명소가 되었으니 이 나라의 그늘진 역사의 단면이 햇볕을 보게 된 셈이다.

한적한 벌판에 허름한 건물들이 녹슨 철조망으로 둘러져 있다. 오시비엥침 수용소다. 들어가는 문 위에 간판 대신 올려놓은

'ARBEIT MACHT FREI'라는 아치형 글자들이 웃음을 자아낸다. 노동이 자유를 가져온다지만 고통과 죽음의 관문이었으니 그 얼마나 가증스러운가. 일단 들어오면 연기가 되어 사라져가는 길밖에 없다는 바로 그 생지옥의 정문인데….

폴란드를 점령한 독일군은 1940년 4월 이곳에 제1수용소를 건립했다. 다음 해에는 약 3킬로미터쯤 떨어진 브레제진카 마을 외곽에다 열 배나 되는 제2수용소도 만들었으나 패전하면서 사실을 은폐하기 위해 폭파해버렸다.

이 수용소는 처음에는 폴란드의 정치범들을 수용하기 위해 만 명쯤 수용할 수 있는 규모로 지었다. 그러나 점차 대상이 확대되어 집시, 장애인, 유대인 등 미운 놈들을 모조리 유럽 전역에서 끌어다가 죽이는 살인공장으로 바꾸어 놓은 셈이다.

짐승의 우리만도 못한 열악한 생활공간이 그대로 남아 있다. 수십 개의 창고에 수용자들의 유품이 가득 쌓여 있어 그 참상을 가히 연상할 만하다. 그들이 쓰던 낡은 안경, 장애인들의 몸을 지탱해 주던 의족이며 의료기기, 크고 작은 가죽 신발이며 구두약통, 주인의 이름이 붙어 있는 배낭, 단란한 생활을 꿈꾸며 가져왔을 냄비며 식기류, 사그라진 의상들이 산더미 같다.

대중탕에서 목욕을 한대서 알몸으로 들어서면 천장의 수도꼭지에선 독가스가 흘러나와 질식시켰을 것이다. 벽면에 긁어 놓은 손톱자국들이 마지막 몸부림을 생생하게 보여준다. 그 죽음도 시간을 단축하려고 강력한 싸이클론B 가스까지 개발했다니….

굿은 비 맞아가며 외진 곳 찾아드니
녹슬은 철조망에 살인공장 덩그렇고
세상사 덧없다 하나 이보다 더할 손가

미치광이 권력 잡자 미운 놈 씨 말리려
사방에서 불러 모아 지옥에 가둬 놓고
일하면 자유를 준다 뻔뻔스레 꾀었나

목욕한다 벗기고 가스탕에 몰아넣어
재물 뺏고 목숨 앗아 연기로 내보내니
악마가 따로 없듯이 흉측도 한스럽다

그 시체들을 뒤척이며 금붙이를 떼어내고 머리카락을 잘라냈을 터이니 끔찍한 일이다. 그 머리카락으로 카펫이나 양복지를 짜는 데 이용했다니 그것을 알고서야 어찌 편안히 사용했으랴. 쌓인 머리카락을 보니 생뚱맞게도 스스로 잘라 판 우리나라의 어머니, 딸들의 생각이 떠올랐다. 시골 골목을 누비며 엿장수가 모아온 머리카락으로 가발을 만들어 수출했던 원시적인 외화벌이 시대가 얼마 전에 우리에겐 있었었다. 세계 120개국 중 인도 다음으로 못 사는 국민 소득 76불의 지난 시대를, 그때의 고달픔을 잊고 호화롭게 관광을 나다니는 오늘의 젊은 세대들이 상상이나 할 수 있을까.

유품 창고보다도 놀라운 것은 사망자들의 사진이며 인적사항과 사망일까지도 기록하여 놓은 전시실이다. 지금도 독일 사람들은 조상이 저지른 죄과를 확인하고 부끄러운 과거를 청산하려고 이곳을 찾는단다. 그러나 일본인들은 폴란드의 단체관광 코스에서 이 수용소를 제외하며, 정부에서도 그렇게 권한다고 들었다. 자신들의 죄과를 숨기기에 급급하여 역사적 사실까지도 왜곡하려 드는 이들이 이곳에 와보면 어떤 생각을 할까 참으로 궁금해진다. 하기는 지금도 이보다 못하지 않을 생지옥이 이 지구상에 있다 생각하니 왠지 마음이 더 아프다.

우울해진 기분을 털어내며 크라쿠프의 남동쪽으로 13킬로미터 떨어진 비엘리츠카로 향했다. 소금광산을 보기 위해서다. 13세기 무렵부터 7백 년 동안이나 계속 채굴하여 폴란드 왕국을 지탱한 것도 자랑거리지만, 그 속에 차려진 예술품들이 관광객을 끌어들이고 있다.

이 광산은 지하 65미터까지는 수직으로 된 나무계단(378개)을 뱅글뱅글 돌며 내려간다. 여기서 시작하여 지하 135미터까지 내려가면서 약 2.5킬로미터를 둘러보고 나면 웬만해선 지치기 마련이다. 놀랍게도 이 개방된 공간은 광산 전체의 삼분의 일도 되지 않는다. 지하 327미터까지 채굴한 자리에는 방이 2,040개나 되고, 모든 방을 연결하는 복도의 길이는 약 2백 킬로미터에 달한다고 하니 그 규모는 상상을 초월한다.

천장과 바닥이며 벽이 모두 순도 높은 암염일 뿐만 아니라, 너른 공간마다 즐비하게 서 있는 조각품이나 건축물이 정교한 걸작품들이다. 그것을 만든 사람들이 모두 평범한 광부라기보다 신의 계시를 받은 조각가들임이 틀림없겠다.

코페르니쿠스, 괴테, 킹가 공주, 교황 요한 바오르 2세의 조각상 등이 특히 눈길을 끌고, 최후의 만찬 조각상은 최고의 걸작품에 버금간다.

지하 110미터에 자리한 킹가대성당은 길이 54미터, 폭 17미터, 높이 12미터나 되며, 70여 년이 걸려 1963년에 완공했다고 한다. 불이 들어와 빛나는 샹들리에마저도 그 소재는 암염이다.

이 광산 안에는 레스토랑, 탁구장, 콘서트홀, 예배당, 간단하게 할 수 있는 인터넷시설, 박물관 등 땅위의 온갖 편의시설을 고스란히 옮겨다 놓아 지하생활이라고 불편을 전혀 느끼지 않을 정도라고 한다.

이러한 작품들이 큰 희생 없이 이루어질 리는 만무하니 그 그늘에는 가슴 아린 사연들이 얼마나 많이 깃들어 있을까. 망아지를 안고 내려와서 죽도록 어둠 속에서 부리다 보면 시력까지 잃게 된다니…. 잠깐 들러간 명사들의 조각상보다는 어려서 들어와 영영 햇빛을 못 본 짐승들의 위령탑이라도 하나쯤 세워주었으면 하는 아쉬움이 내 가슴을 짓누른다.

천지개벽 일어나
산속으로 묻힌 소금
수천 척 파내려가
또 한 번 개벽인가
돌인 양 깎고 다듬어
별세상 일궈냈네

망아지 길러내어
눈멀도록 부려가며
고된 세월 달래려
성당까지 차렸던가
그 영혼 하늘로 올라
영생복락 누리리

(2013. 4.)

실크로드의 끝까지

– 파키스탄 탐방기(상)

이번이 마지막 여행일지 모른다면서

하필이면 덥고 지저분하고, 총성이 멈추지 않고 폭탄 소동이 계속되는 위험지대, 파키스탄을 가느냐고 걱정하는 친구도 있다. 확실히 관광객이 드문 오지 여행임에는 틀림없다. 그러나 오지가 아니면 맛볼 수 없는 대자연의 신비를 체험하고 5, 60년대의 우리 모습을 반추해 보는 것도 의미 있을 것 같았다. 더구나 돈황을 거쳐 우루무치에서 멈추었던 실크로드의 험로를 끝까지 밟아보면서, 옛날 대상들의 모험과 고승들의 불심을 상상하고 느껴 본다는 것은 지친 현대인의 삶에 신선한 활력소가 아닐 수 없으렷다.

참예술사랑회의 멤버들이 주축이 된 관광팀이 마음에 들어 동참한 이 여행은 희수를 바라보는 나로서는 어쩌면 마지막 모험일지도 모른다. 파키스탄 탐방은 힘든 만큼이나 즐거움도 크고,

신선한 충격만큼이나 감흥도 정비례하며, 무관심만큼이나 오해도 많았음을 실감하기 마련이다.

세계의 고산 영봉이 이곳에 모여 있고, 카라코람 하이웨이(KKH)라는 고속도로 아닌 산악도로가 뚫려 있으며, 불교의 발상지가 인도가 아니라 파키스탄이요, 간다라불교의 꽃은 주변국에서 피웠지 본고장이라는 지금의 파키스탄에서는 사찰조차도 전혀 찾아볼 수 없다니, 나의 상식이란 것은 곧 무식 그것이 아니었던가.

우리는 인천공항을 출발한 지 10여 시간의 비행 끝에 싱가포르를 거쳐 파키스탄 제2의 도시인 라호르(Lahore)에 안착했다. 비행기 트랩을 한발 내딛는 순간 폐부까지 확 스며드는 열기가 수만리를 마다 않고 날아온 나그네의 여정(旅情)을 자극한다.

라호르의 첫인상

라호르는 파키스탄 북부지방의 비옥한 인더스평원에 자리 잡은 상업, 금융 등 유통 경제의 중심지이다. 북부지방을 관장하는 푼잡주의 주도일 뿐만 아니라 서부아시아와 인도를 연결하는 교통의 요충이며, 농산물의 집산지이기도 하다.

인구 5, 6백만 명이 북적이니 제법 큰 도시이다. 그러나 원시적 생활기구와 현대적 과학문명이 공존하는가 하면 무슬림의 독특한 취향과 전통적인 생활양식이 한눈에 들어오는 활기찬 도시라고나 할까. 신호등도 없는 거리에 당나귀, 자전거, 삼륜차, 고물 자동차, 고급 승용차가 뒤범벅이 되어 돌아가니 질서의 사각지대라고나 할까. 교통안전은 각자의 몫이다.

각종 원색을 총동원하여 도장한 버스는 우리나라 상여보다도 훨씬 화려하게 단장하였고, 바람개비, 철사 봉, 철사 레이스 등 요란하게 장식물을 단 대형트럭을 바라보노라면 웃음이 절로 나온다. 자동차 값보다 도색과 장식비용이 더 들 정도라니 그들의 취향을 이해할 길이 없다. 이슬람교를 국교로 지정하여 국민의 97퍼센트가 무슬림이니, 흰 바지에, 흰색 와이셔츠를 무릎까지 길게 늘어트린 겉옷에 전통 모자를 쓰거나 천을 두른 차림에, 물이 귀해 세탁은 엄두도 못 내는지 작업복이 따로 없다. 맨발이거나 슬리퍼가 전부다.

재래시장인 바자르에 들르니 비좁은 골목길에 자동차 경적까지 요란하여 정신이 없다. 생활용품치고 없는 것이 없는 활기찬 삶의 현장이다. 먼지와 매연에 찬 상가를 한 바퀴 돌아 나오니 온몸이 땀범벅이 되었다. 대기 중인 버스에 오르니 마치 지옥에서 살아나온 느낌이다.

낙후된 재래시장으로부터 눈을 돌려 주위의 유적들을 보노라면 만감이 교차한다. 기원 전후의 간다라불교의 꽃을 피웠던 민족, 근세 3백여 년의 무갈(Mughal)제국을 이룩했던 그들이 빈곤과 정체의 늪에서 헤어나지를 못하니 말이다.

동서 380미터, 남북 330미터의 부지에 악바르(Akbar) 황제로부터 자항기르(Jahangir), 샤 자한(Shah Jahan), 아우랑제브(Aurangzeb) 황제에 걸쳐 완성했다는 라호르성의 웅장함, 샤 자한 황제가 건축한 샬리마르 정원(Shalimar Garden)의 기하학적 설계와 독특한 건축양식이 그들의 문화적 우수성과 창의적 저력을 증명하고 있건만….

17세기 후반 아우랑제브 황제가 건축했다는 바드샤히 모스크(Badshahi Mosque)도 빠트릴 수 없다. 실내외 6만 명을 수용할 수 있는 웅장함과 무굴문화의 아름다움을 상징하는 건축미는 나그네의 숨을 죽이게 한다.

열악한 생활환경은 우리나라의 5, 60년대를 연상케 하는데, 기골이 장대하고 잘생긴 외모의 젊은이들을 바라보노라면 연민의 정이 느껴져 이것저것 생각하게 한다. 종교나 자연환경 탓일까, 지도자 탓일까, 각자의 게으름 탓일까.

국기 하강식의 단상

인도와 파키스탄은 분단국 아닌 분단국가이다. 무굴제국시대에는 파키스탄이 인도 전역을 지배했으나 모두 영국의 식민 통치를 90년간이나 받았다. 2차 대전이 끝나자 1947년에 인도와

분리하여 독립을 했다. 힌두교가 주종을 이루는 인도와 이슬람교를 국교로 하는 파키스탄은 각자 독립은 했으되 3차에 걸쳐 전쟁을 했고, 그때마다 국력에서 비교가 안 되는 파키스탄은 패배했다. UN의 감시 하에 평화가 유지되는 셈이니, 양국의 묘한 국민 감정은 이해할 만하다.

동쪽 인도와의 국경 와가(Waga)에서는 유일하게 매일 저녁때 양국이 함께 국기 하강식을 거행한다. 국기를 내리는데 꼭 1시간이 걸린다. 무슨 복잡한 의식이 필요하랴마는 양국은 기싸움을 하면서 평화를 유지한다. 동서 양국의 관람장 계단에는 수천 명의 관객이 모여서 서로 질세라 함성을 지른다. 십여 명의 의장대는 체격이 장대한 젊은 남자를 골라 절도 있는 동작으로 기력을 과시한다. 뻗은 다리를 머리까지 올렸다가 땅이 꺼지라고 내려친다. 고개도 좌우로 튕기면서 상대방을 경멸하는 표정이다. 주먹으로 치지 못하는 상대에 대한 증오심을 혼자 해소하는 몸짓으로 밖에 볼 수 없다.

운집한 관객들을 선동하듯 외쳐댄다.

"파키스탄, 찐 더 바!(영원하라, 만세)"

우리도 팔을 뻗으며 함께 외쳤다. 우리나라 판문점을 연상하며.

"찐 더 바! 찐 더 바!"

(2007. 6.)

불교의 고향을 찾아

– 파키스탄 탐방기(중)

흔적뿐인 간다라불교

셋째 날 라호르에서 행정수도 이슬라마바드(Islamabad)로 국내선을 타고 이동했다. 대통령궁, 국회, 사법부의 청사, 라왈(Rawal) 호수를 비롯하여 10만 명을 수용할 수 있는 아시아 최대의 이슬람사원인 샤 파이살(Shah Faisal) 모스크 등이 자리 잡고 있다. 계획된 신시가지답게 깨끗하고 아름답다.

다음 날 이슬라마바드에서 두 시간쯤 달려 탁실라(Taxila)에 도착하니, 고대도시의 유적이 옛날의 영화를 말해준다. 기원전 326년 알렉산더 대왕의 동방원정 이후 5세기의 멸망에 이르기까지 인도, 서아시아, 중앙아시아의 문화가 융합하여 새로운 간다라예술의 꽃을 피웠던 불교, 교육의 중심도시였으니, 주변에 여기저기 유적들이 산재해 있고, 탁실라박물관에는 많은 발굴품이 전시되어 있다.

지금의 탁실라박물관 북동쪽 7킬로 지점, 약 100미터 높이의 언덕에 지었던 승원 터인 줄리안(Julian)도 일반 신도들의 기도실, 승려들의 회의장이며, 29개의 승방 외에도 식당, 주방, 창고, 욕실 등 그 규모가 놀랍기 이를 데 없다. 탁실라 제2의 고대 도시 유적인 시르캅(Sirkap, BC 2C~AD 2C)이나 탁실라박물관 동쪽 2킬로 지점에 위치한 최초의 스투파(Stupa, 둥근 탑)인 다르마라지카(Dharmarajika, BC 3C~AD 5C) 등은 아직도 발굴 작업이 진행 중이어서 그 화려했던 옛 모습이 기대된다.

그러나 회교 국가인 지금의 파키스탄 어느 곳에도 불교사찰은 하나도 남은 것이 없으니, 그 시대를 풍미했던 불교는 동남아, 중국, 한국, 일본으로 전승되어, 각각 독특한 모습으로 변화하며 꽃을 피웠다. 이곳 본고장의 폐허 위에서 나뒹구는 잡석과 무성한 잡초를 바라보노라면 인간사의 덧없음을 새삼 실감하게 된다.

KR이 지배하는 이색 지대

이슬라마바드에서 서쪽으로 약 5시간을 달려 페샤와르(Peshawar)에서 하룻밤을 쉬고, 다음 날 카이버 패스(Khyber Pass)로 가기 위해 아침 일찍 서둘러 나섰다. 카이버 패스의 비포장 길은 페샤와르 교외에서 아프가니스탄으로 가는 길을 말한다. 알렉산더 대왕의 동방 원정의 길이며, 동서 문화 교류의 길목이기도 한 중요한 산골길인데, 파키스탄의 통치권이 미치지 않는 무법지대란 점이 더욱 이색적이다.

아프가니스탄의 탈레반 반군같이, 이곳 국경지대를 관장하고 있는 군부대는 'Khyber Rifles'란 무장 세력이다. 통행에는 그들의 허가를 받아야 하고, 기관단총을 든 2인의 군인이 동승해야 들어갈 수 있다.

아프가니스탄으로부터 몰려든 피난민의 수는 200만을 넘는다고 한다. 개천가에 닥지닥지 붙어 있는 난민촌을 바라보며 서쪽으로 30분 달리면 잠루드(Jamrud) 거리에 이른다. 도로변에 무기를 파는 점포들이 즐비하다. 그 뒤 골목으로 발을 옮기니 점포마다 무기를 제조하는 수공업 공장이 아닌가. 7, 8세의 어린이가 능숙한 솜씨로 권총 탄피를 만들고, 백발의 할아버지가 권총의 총신을 다듬는다. 안내자의 배려로 마을 뒤 개천가에서 소총도 쏘아 보았다. 50년 만의 실탄 사격이 6·25의 아픈 과거를 되살려 준다.

나무 한 그루 풀 한 포기 없는 황갈색 바위산 계곡을 굽이굽이 돌아 준령을 넘으니, Khyber Rifles의 부대 본부가 나오고, 좀 더 달리니 길옆에 높은 담장과 철조망이 이중으로 둘러쳐진 거대한 시설물이 위용을 자랑한다. 세계 마약계의 2인자가 거주하는 아성이란다. 국경 마을에 이르니, 큰 상자 같은 흙벽돌집들이 군데군데 모여 있고, 건너편 산기슭에는 국경을 표시하는 아라비아 숫자가 띄엄띄엄 보일 뿐이다.

무장 세력이 지배하는 비무장지대이니 지구촌 어느 곳에 또 이런 곳이 있을까. 그래도 한반도를 가로지른 비무장지대보다는 훨씬 자유롭고 평화롭지 않은가. 한반도의 비무장지대는 언제쯤 관광객이라도 드나들 수 있을지… 착잡한 마음 가눌 길이 없다.

풍요로운 스와트 밸리

6월 23일 페샤와르를 떠나 동북쪽으로 54킬로 떨어진 탁티바히(Takhte-Bahi)의 불교 유적을 보았다. 기원 1세기에 세워진 간다라 불교의 대표적인 사원이다. 희랍의 영향을 받았음인지 높은 언덕 위에 자리를 잡았고, 38개의 봉헌탑과 많은 승방을 위시해서 식당과 부엌, 강당 등 그 규모가 놀랍다.

다시 북으로 달려 말라칸드 고개(Malakand Pass)를 넘으면 스와트(Swat)강을 따라 스와트 계곡이 시원하게 전개된다. 스와트지역은 산맥 하나 넘었는데, 다른 지역과는 전혀 달리 기후도 좋고 토질도 비옥하여 푸른 들이 펼쳐진다. '동양의 스위스'라고 할 만큼 경관도 좋고 살기에 쾌적하다. 100년간 면세 혜택을 주는 조건으로 파키스탄에 병합되었다니 이해가 간다.

스와트 밸리의 중심지인 밍고라(Mingora)에서 붓카라(Butkara)

유적과 스투파를 마지막으로 둘러보고 호텔에 짐을 풀었다. 실크로드를 따라서 산재한 간다라 불교예술의 유적들을 탐방하기는 했지만, 각자의 불교에 관한 지식과 안목만큼만 보이고 느끼기 마련이다.

맛있는 망고가 한창이라, 8불이면 열댓 개를 주니 매끼마다 망고잔치다. 염불보다 잿밥이라던가. 불교 유적보다 망고가 구미에 당기니, 실크로드는 망고로드가 되는 것이나 아닌지 모르겠다.

(2007. 6.)

KKH를 달리다

– 파키스탄 탐방기(하)

환상적인 샹글라 패스

험준한 샹글라 패스(Shangla Pass)를 넘으면 베샴(Besham)에서 드디어 카라코람 하이웨이(Karakoram Highway, K K H)를 만나게 된다. 다른 고갯길은 황량한 돌산 속을 지나는 것이나, 샹글라 패스만은 수목이 우거진 절벽 산을 계속 바라보며 올라간다. 구름에 가린 정상 가까이까지도 집들이 드문드문 들어서 있다. 그 절벽 위에 어떻게 집을 지었으며, 어떻게 살아갈 수 있는지 상상도 할 수 없건만, 고산족들은 세속을 피해서 점점 높이 옮겨간단다. 높은 곳의 집일수록 값이 나간다니 가치관이 전혀 다른 족속이다. 산짐승은 분명 아니고 보통사람도 아니면, 그들이야말로 현대판 신선들인가 보다.

샹글라 패스를 넘어 협곡을 흐르는 샹글라강을 따라 베샴까지 내려오는 협곡 길도 절경의 연속이다. 카라코람 하이웨이가 황량한 산악관광의 백미라 하면, 샹글라 패스는 푸른 산악관광의 백미라 할 것이다. 베샴에서 점심을 먹고, 오후에는 북쪽으로 인더스강 줄기를 따라 카라코람 하이웨이를 달렸다.

저녁때 황량한 산악사막의 한가운데 있는 칠라스(Chilas)에 도착하여 샹그릴라(Shangrila) 호텔에서 카라코람 하이웨이의 첫 밤을 보냈다.

호텔 앞에는 인더스 강물이 도도히 흐르고 강 건너편에는 금방이라도 부서져 내릴 듯한 절벽이 시야를 가린다. 호텔이라지만 규모가 큰 토담집이다. 방문에 걸린 주먹만 한 놋쇠 자물통을 투박한 열쇠로 열고 들어서니, 침대도, 탁자와 의자도 흙과 돌로 만들었고, 바닥은 짚을 꼬아 깔았으며, 대형 선풍기가 천장과 벽에서 요란하게 돌아간다.

처음에는 토속적인 운치를 느꼈다. 그러나 하루 종일 달궈진 벽이 새벽이 되도록 식지를 않고 열기를 뿜어대니, 화장실의 물을 몇 번이나 뿌려대도 금방 마르고 식을 줄을 모른다. 밤새 소방훈련을 하다 지새고 말았다. 내일의 고산증세에 앞서 고열증세에 시달리는 잊지 못할 밤이었으니 카라코람 하이웨이의 종주는 첫 밤부터 이렇게 험난했다.

카라코람의 단상

파키스탄의 북부 산악지대는 지구촌에서 가장 높고 험난한 지역이다. 서쪽의 힌두쿠쉬(Hindukush)산맥, 북쪽의 카라코람산맥과 동쪽의 히말라야(Himalaya)산맥이 한군데 모여 있고, 8,611미터의 K2를 비롯해서 7,500미터를 넘는 고봉만도 19개가 이곳에 옹기종기 모여 있는 지대이니, 이 험산 준령을 넘으며 하이웨이를 건설한다는 것은 그 발상부터가 자연에 대한 인간의 오만한 도전이리라. 그러기에 이 도로의 개설은 처음부터 숱한 반대와 비난을 받았고, 주변국의 끈질긴 방해공작까지도 극복해야 했다.

카라코람 하이웨이는 파키스탄의 수도 이슬라마바드에서 265킬로 지점에 있는 타코드(Thakod)로부터 시작하여 국경지대의 쿤저랍 패스(Khunjerab Pass: 해발 4,934m)를 넘어 중국의 국경도시 탁스쿠르간에 이르는 산악도로(약 655㎞)이다. 불가능에 가까운 이 대역사를 민주적인 의견수렴을 끝내고 어느 세월에 추진할 수 있단 말인가. 아유브 칸(Ayub Khan) 장군의 용단이 중국의 협력을 얻어 내어 20년에 걸친 난공사를 단행한 것이란다. 두 나라의 군대가 동원되었으며, 수천 명의 인명피해를 감수해야 했던 세기의 난공사였다.

경부고속도로를 착공할 때의 생각이 났다. 전문가란 사람들, 지식인, 후에 대통령이 된 정치인들조차 기를 쓰고 반대하지 않았던가.

훈자강을 거슬러 올라가며

칠라스를 출발하자 산길은 점점 고도를 높여간다. 길가의 바위나 절벽에 별자리, 불상 등을 새겨 놓은 암각화가 보는 이의 가슴을 아리게 한다. 아마도 당나귀나 낙타 등에 목숨을 걸고 수만리 험로를 떠나야 했던 대상이나 순례자들은 고비 고비마다 바위 돌을 쪼며 마음을 달래고 다짐했으리라. 절벽 길의 낙석으로부터, 계곡의 급류로부터의 안전을 기원하고, 급습을 해오는 야수나 산적들의 공격으로부터 보호받기를 간절히 빌었으리라.

멀리 낭가 파르밧(Nanga Parbad: 8,127m)의 설봉을 바라보며 인더스강의 탁류를 거슬러 달리기를 4시간여 만에 아름다운 산간도시 길기트(Gilgit)에 도착, 점심과 거리 관광을 마치고 다시 훈자(Hunza)강을 따라 장장 190킬로의 훈자밸리를 거슬러 올라간다. 라카포쉬(Rakaposhi: 7,788m)를 비롯하여 울타르(Ultar: 7,388m) 등 카라코람의 영산들이 봉우리 봉우리마다 석양에 눈부시게 빛나는 만년설을 뽐내고 있으니 훈자가 아니고는 맛볼 수 없는 천혜의 절경이다.

차는 어느새 훈자밸리의 중턱쯤에 있는 훈자 왕국의 수도였던 카라마바드(Karamabad)에 이르러, 경치 좋은 언덕 위의 Baltit Inn에 여장을 풀었다. 이곳은 장수마을로 이름난 명승지인데, 여유롭게 2박을 하며 주위의 옵션 관광을 즐겼다.

빨간 지프에 3명씩 분승하여 울타르 고봉의 뒤쪽 산속에 있는 Borith Lake란 샘물 호수를 관광했다. 도중에 굴미트(Gulmit)의 Silk Route Lodge에서 전면에 바라보이던 산봉우리들(Pasu Peak)은 너무도 아름다워 잊을 수가 없다. 카라코람 관광의 백미다. 어찌 현실 세계에 겸제(謙齋) 정선(鄭敾)의 금강전도(金剛全圖)보다도 더 뾰족뾰족한 봉우리들이 한군데 모여 솟아날 수가 있었을까. 역시 조물주의 솜씨는 정선의 솜씨를 훨씬 능가한다.

다음 날 아침 그 봉우리들 바로 밑을 돌아서 가며 올려다보게 되니, 그 감흥은 형언할 길이 없다.

훈자 마을을 떠나 파슈(Pasu) 빙하와 아름다운 카라코람 계곡을 감상하며 달려온 버스는 파키스탄 국경마을 소스트(Sost)에서 되돌아간다. 우리는 출국절차를 마치고, 국경만을 넘나드는 차량으로 환승을 했다. 쿤저랍 고개를 넘기까지 쉴 만한 곳이 없다고 하여, 좀 이른 시각이었지만 훈자강변의 큰 버드나무 그늘에서 도시락을 먹었다. 그러나 도중에 길이 유실되어 1시간쯤은 걸어가야 한다는 소식에 걱정 반 설렘 반으로 다시 차에 올라야 했다.

급류에 유실된 구간은 약 500미터쯤 되는데, 20여 일 만에 겨우 임시 복구가 되어 차량만이 물에 잠긴 돌밭 길을 조심조심 건너가고 있지 않은가. 그곳을 발을 벗고 1시간쯤 걸어야 할 뻔

했다고 생각하니, 우리는 참으로 억세게 운 좋은 팀이다. 어느 순간에 굴러 내리는 바위에 길이 막힐지, 잘려 나갈지, 100퍼센트 위험에 노출된 이름만의 하이웨이이다 보니, 알고는 못 갈 쿤저랍 패스가 아니던가.

중국 땅에 들어서니

쿤저랍 패스를 벗어나면 곧 중국의 국경 마을 탁스쿠르간에 도착, 입국절차를 밟으며 안도의 한숨을 쉬게 된다. 중국 땅임을 쉽게 알 수 있다. 초록 제복의 젊은 군인이 나타나고, 갑자기 대지가 달라진다. 광활한 들과 산들이 시원하게 뻗어가고, 그 사이로 깨끗이 포장되고 황색 중앙선마저 선명하게 그어진 아스팔트 도로가 시야에 들어온다. 국력의 차이를 실감하게 된다. 그 옛날 중국이 영토를 확장해 가다가 쓸모없는 고봉준령에 막혀서 버려진 곳이 파키스탄의 몫이 된 것 같은 느낌이다.

다음 날엔 카라쿨리 호수(해발 3,600m)를 들러 유목민이 제공하는 점심을 맛보고, 여유롭게 위그르족의 실질적 수도라는 카슈카르에서 여장을 풀고 시내관광을 했다.

재래시장에 들르니, 우리가 구경거리가 된 느낌이다. 그들에게는 오래간만에 보는 여성 관광단일 게다. 이슬람 세계에서는 대낮에 나다니는 여성을 보기 드물고, 더구나 얼굴을 가리는데, 화려한 옷차림의 훤한 얼굴에 팔까지 걷어붙인 아줌마들이 떼를 지어 활보하니 시선이 끌릴 수밖에 없으렷다.

넋을 잃고 바라보던 어린 소년이 계란 5개를 사 가지고 가던 비닐봉지를 놓치고 말았다. 얼굴빛이 사색이 되어 안 깨진 것 한 개를 꺼내 들고 발걸음을 옮기려는데, 어느 아줌마가 얼른 4개를 사서 쥐여 주는 것이 아닌가. 엄마에게 혼이 날 어린 것을 살려줬다. 원인제공을 했으니 그럴 법도 하다지만, 그녀석의 눈에는 천사같이 보였으리라.

코리아 아줌마들의 따뜻한 마음씨를 평생 잊지 못하는 한, 그는 자라서 친한파(親韓派) 위그르인이 될 것이라 믿어본다.

(2007. 6.)

잉카문명의 불가사의

– 페루의 매력

페루의 수도 리마로

10여 일의 여독이 쌓여만 가는데, 3월 1일은 새벽 4시 기상이다. 8시 45분발 LP 462편을 타야 페루의 수도 리마로 갈 수 있기 때문이다. 바둑판같이 구획된 아르헨티나의 평원지대를 지나 험준한 안데스산맥을 넘고, 태평양 연안을 따라 북상하기를 꼭 4시간 45분 만에, 남미의 태평양 연안 중간쯤에 있는 해변도시 리마(Lima)에 안착했다. 페루의 수도요 문화, 경제의 중심지인지라, 남미를 찾는 모든 여행객들이 모여들기 마련이다.

남극지방으로부터 북상하는 훔볼트 해류의 수온이 찬 까닭으로, 안개만 낄 뿐 비가 오지 않는 사막지대라는 것이 흠이지만, 스페인왕국의 중심도시로서 부왕(副王)이 주재하던 곳이었으니 스페인풍의 광장과 공원이 많고, 잘 정비된 전원도시이다.

대통령궁, 아르마스광장 등 시내관광을 하였으나, 비슷비슷한 건물들이고, 가장 인상적인 곳은 황금박물관이라고도 하는 무기박물관이다. 미구엘 무히까 갈로(Miguel Mujica Gallo)의 개인 소장품이었다는데, 그 양과 다양성에 경탄을 하지 않을 수 없다. 대부분 도굴꾼으로부터 사들였겠지만, 그들에게 문화훈장이라도 주었어야 하지 않았을까.

지하층에는 주로 황금제품인데, 사금을 채취하여 만들었을 18금의 제품들이다. 잉카제국 이전의 부장품, 사람의 두상, 앉은 자세의 미라, 기원전 7800년의 토기까지 있다. 잉카시대의 것이 대부분인데, 술잔, 술병, 식기로부터 목걸이, 코걸이, 허리띠, 팔찌, 옷핀 등의 장신구며, 장갑, 외투, 햇빛 가리개, 금박의 벽걸이 등 다양한 제품의 정교함이 잉카문명의 수준을 짐작케 한다. 스페인 통치시대에 들어오면 치마 등 은제품이 등장한다.

지상층으로 올라오면 세계무기박물관이 된다. 창, 칼 같은 원시적인 철제무기로부터 현대적 총포에 이르기까지 그 종류를 헤아릴 수 없다. 일본 사무라이들의 투구, 말안장 등 마구의 종류도 다양하기만 하다. 우리나라 제품으로는 금색 은장도가 유일한 것인데, 관광기념으로 산 것이라고. 하기는 그 옛날 우리나라까지 관광을 온 것만도 장하고 가상하다.

지팡이를 몇 개 모아놓은 나로서는 각종 지팡이에 시선이 끌릴 수밖에. 처음에는 좀 이상하다 생각했으나, 자세히 보니 손잡이 밑부분이 빠지며 뾰족한 꼬챙이 무기로 둔갑하게 만들었다. 나는 지팡이의 용도에 호신용의 비중은 거의 두지 않았었는데, 그들은 세상이 험악했던지, 만약의 사태에 대한 경계가 철저했던지 아무튼 현명했나 보다. 나도 호신용 지팡이를 어데서 찾아내는 숙제가 하나 더 생긴 셈이다.

잉카제국의 수도 꾸스꼬

3월 4일 오전 11시 꾸스꼬(Cuzco)행 LP 074편을 탔다. 꾸스꼬는 1시간 20분 소요되는 안데스산맥 속 해발 3,400미터의 고원에 자리 잡은 잉카제국의 고도이다. 1100년대부터 전성기를 맞은 잉카제국이 1532년 스페인의 삐사로(Pizarro)에 의해 침공을 당하기까지 꾸스꼬 주변에 남겨 놓은 석조유적은, 스페인의 말살정책과 1960년, 1950년의 양대 지진에도 불구하고 건재하여 잉카의 후예들을 먹여 살리고 있다. 시가지의 중심부인 아르마스(Armas)광장을 중심으로 당시의 좁은 골목길과 집들이 그대로 줄지어 있고, 골목골목마다 기념품상점이 빼곡히 들어서서 여행객의 시선을 즐겁게 한다. 거리 전체가 화려한 원색의 향연장이다. 비교적 혼혈이 안 된 원주민들은 순박하고, 볼품은 없어도 맑은 영혼의 주인공들임에 틀림이 없다. 그렇지 않고서야 어찌 그 밝은 채색과 특이한 문양을 자유자재로 구사할 수 있으랴.

사달라고 내미는 민예품들이 너무도 화사하고 싸다. 알파카제품으로부터 수제소품에 이르기까지 모두들 탐을 내기 마련이니, 쇼핑천국을 남겨두고 US달러를 미리 써버린 것을 후회하게 된다.

점심을 마치고 주변의 유적지관광에 들어갔다. 아르마스광장에서 '산 끄리스또발'성당을 지나 언덕길을 한참 올라가면 유명한 삭사이와만(Sacsayhuaman)이 나온다. 산언덕을 중심으로 3중의 바위 성벽이 층층이 쌓여 있고, 그 성벽 아래 밖으로는 넓은 초원의 광장이 펼쳐진다. 아래층 성벽의 바위 돌은 더 큰데, 가장 큰 것은 9미터에 달하며, 모서리마다 350톤이 넘는 바위들이 놓여 지그재그로 성벽을 이루고 있다. 놀랍고 신기한 것은 가지각색 형태의 바위들이 틈새가 전혀 없이 입체적으로 맞춰져 있어서, 마치 큰 절벽에 모자이크 선을 그어놓은 것 같이 보인다. 이 요새의 용도가 무엇이었는지, 말(馬)조차 없었던 그 옛날에 어떻게 그 바위들을 운반했으며, 무토막 썰듯 잘라서 다듬어 끼웠는지, 역사연구가들 간에도 설이 분분하나, 확실한 것은 인간의 손으로 만든 조형물이란 것이다.

잉카인의 뛰어난 건축기술과 돌을 다루는 신기는 다른 유적에서도 얼마든지 엿볼 수 있다. 삭사이와만 석조물을 지나 동쪽으로 10분쯤 가면 껜코(Qenko, 지그재그란 뜻)가 나온다. 이것은 거대한 자연의 바위를 안쪽과 바깥쪽에서 파서 제사를 지내는 종교

의식에 사용한 지하 신전이다. 미로 같은 좁은 길을 따라 동굴의 안으로 들어가 보니, 살아 있는 제물의 수술대와 제단이 바위를 깎아 만들어져 있다. 원혼들이 아우성이라도 칠 것 같아서 빨리 나오고 말았다.

껜코에서 다시 북쪽으로 2킬로쯤 가서 버스가 섰다. 10여 분 올라가면 땀보마차이(Tambomachay)란 잉카의 목욕탕이 나온다. 3천 7백미터의 고원지대라 가만히 서 있어도 숨을 몰아쉬게 된다. 고산병 약을 마셨지만 빨리 걸을 수가 없었다. 병원 복도의 중환자 걸음걸이같이 한 발짝 한 발짝 옮기며 가보니, 쌓아 올린 돌벽 사이의 구멍 3개에서 맑은 물이 콸콸 쏟아질 뿐, 잡초만이 무성한 돌담은 말이 없다. 그 물이 어디서 솟아난 것인지는 몰라도 완벽한 수로를 거쳐 아래로 고루 흐른다는 것이다. 돌아와 버스로 조심스럽게 올라서니 기다리던 일행들이 안도의 박수를 쳐준다. 내가 견뎌낼 수 있는 폐활량의 한계를 확인한 셈이다.

땀보마차이를 떠난 버스는 곧 다음 날의 '마추픽추'를 편히 가기 위해서 해발 2,800미터의 고원지대인 우르밤바(Urubamba)로 향했다. 우르밤바 강을 따라 계곡의 절벽길을 구불구불 내려가는데, 안데스산맥이 아니고는 볼 수 없는 절경이다. 저녁 늦게 투숙한 호텔은, 꽃밭 속에 단층으로 나란히 배치한 휴양시설인데, 방 근처로 들어서니 어둠 속에서 꽃향기가 확 풍겨 온다. 고급 호텔보다 훨씬 심신을 편하게 해준다. 다음 날 아침, 가이드의 모닝콜이 올 시각이 아직도 30분이나 남은 시각인데, 이름 모를 산새들의 지저귐이 방음이 안 된 방 안을 뒤흔들어 댔다. 아직 먼동이 트기도 전이건만 시끄러울 정도로 새들의 모닝콜은 그칠 줄을 몰랐다. 그만 나도 모르게 뛰쳐나갔다.

안데스산맥의 고원지대 객창에서 전원의 정취를 만끽한 우르밤바 강변의 아침을 시간이 간다고 어찌 잊을 수 있으랴.

마추픽추의 불가사의

우르밤바에서 마추픽추까지 기차로 간다. 그 기차는 우르밤바강을 왼쪽으로 끼고 평행으로 계속 달리는데, 강과 철로의 양쪽에는 거의 수직 상태의 높은 절벽이 병풍처럼 솟아 있어, 하늘만 빠끔히 보이는 대협곡을 이룬다.

강이라고는 하나 20여 미터의 물결 거센 계곡이니 래프팅을 하면 멋있을 듯, 바라만 보아도 힘이 솟구친다. 이렇게 계곡물과의 동행을 무려 1시간 20분을 하여야 하니, 이곳이 아니면 맛볼 수 없는 대자연의 파노라마다. 길이라고는 이 철로밖에 없다니 귀로의 꼭 같은 즐거움이 또 한 번 남아 있지 않은가. 젊은 연인들이라면 즐거움은 또 배가 될 듯싶다.

마추픽추 간이역에서 간단히 점심을 마치고, 예약된 셔틀버스를 타니, 버스는 바로 강 다리를 건너 절벽을 뚫고라도 가는 듯했는데, 수직의 산을 S자 외길로 굽이굽이 돌아 올라간다.

얼마 후에 드디어 정상에 다다르니, 사진으로만 본 꿈의 돌담 터가 눈앞에 벌어진다. 밑에서는 보이지도 않는, 해발 2,465미터의 절벽 위에 놓여 있으니 '공중도시'란 표현이 실감이 나고, 스페인 통치 4백 년간 모르고 숲속에 방치되었었으니 '잃어버린 도시'도 정확한 표현이다.

5평방 킬로미터에 이르는 터에 1만 명 정도가 살 수 있는 요새도시를 하필이면 산등성이에다, 누가, 왜, 어떻게 돌을 다듬어서 건설했는지는 알 길이 없으니, 세계 7대 불가사의의 하나라는 것이 실감이 난다. 따지지 말고, 구석구석 살펴보고 밟아나 보기로 했다.

유적지는 농업구역과 주거구역으로 나누어진다. 농업구역은 경사지에 계단식으로 돌을 쌓아 밭을 만들어 경작하던 곳이다. 비교적 평평한 주거구역에는 제법 큰 광장도 있고, 왕의 구역, 왕녀의 궁전, 태양의 신전, 달의 신전, 중앙신전, 능묘, 피라미드, 감옥(콘돌의 신전), 서민의 주거 등 오밀조밀 구획을 해 놓았다. 초가지붕은 사라지고, 창구멍이 나 있는 벽들만 덩그러니 서 있으나, 돌을 다듬은 솜씨는 이곳도 신기에 가깝다.

Good - bye - boy의 1불 팁

마추픽추를 보고 버스가 하산길에 들어섰다. 서너 번 S자 길을 돌았을까, 3분의 1쯤 내려온 지점이었나 보다. 6, 7세 정도의 어린이 서너 명이 버스 앞 길옆에서 손을 흔들어 댄다. 버스가 한 바퀴 돌아 한층 아래로 내려올 때마다 그 녀석들은 앞질러 나타나서 소리치며 손을 흔들어 댄다. 애처롭기도 하고, 호기심 반 흥미도 있다. 그 녀석들은 훈련된 발걸음으로 돌계단 길을 수직으로 내려오니 매번 버스보다 빠르다. 버스와의 경주에 승객들이 관심을 갖게 하고, 마지막 하산 길목에서 다리를 건너는 때는 어린 녀석 혼자서 버스를 가로막고 필사의 질주를 하는데, 승객의 호기심은 절정에 이른다. 다리를 건너자 버스가 옆으로 서주고, 꼬마 녀석이 올라와서 한국인임을 알아차리고, "안녕하세요" 소리치며 손을 흔든다. 내려가는가 했더니 목에 찬 주머니를 열고 당당히 1불씩을 받아 챙긴다. 누구도 아까워하지 않는 팁을.

그랬다. "너도 안녕하세요."

꼬마 녀석의 앞날에 축복 있기를 빌며 떠나왔다.

우르밤바의 고원길

우르밤바에 돌아와서 하룻밤을 더 쉬고, 나스까로 가기 위해서 리마로 다시 돌아간다. 돌아가는 길은 온 길이 아니다. 숙소에서 치켜다 보이던 높은 산정으로 올라, 의외로 그곳에 전개되는 고원지대를 달려 꾸스꼬로 가고, 꾸스꼬에서 비행기로 리마에 다시 돌아가야 한다.

꾸스꼬에서 우르밤바까지의 계곡길도 절경이었는데, 우르밤바에서 꾸스꼬로 돌아가는 해발 3천 3백미터의 고원길은 훨씬 더 아름답지 않은가. 정상의 전망대에서 바라보는 건너편 산의 원경이나 내려다보이는 우르밤바의 계곡, 색채도 선명한 노랑, 보라, 흰색의 꽃들이 연녹색의 초원에 무리를 지어 이어지는 원색의 파노라마는 남미여행 길에서 즐길 수 있는 가장 아름다운 천연미의 백미가 아닐까.

(2006. 3.)

3

저물녘의 오솔길

칠부능선까지만

나는 등산을 좋아한다. 이화여자대학교 법정대학에서 가장 젊은 교수란 이유로 삼십 대 초반에 등산부 지도교수를 맡았다. 그것이 등산의 맛을 알게 된 계기가 되어 평생 산을 오르고 있다.

등산의 매력이 무엇이냐고 물어오면 서슴없이 두 가지 점을 들어왔다.

첫째는 땀을 흘릴 수 있어 좋다. 숨찬 걸음을 계속하다 보면 옷이 흠뻑 젖도록 땀을 흘리게 된다. 골프를 쳐서는 그렇게 땀을 흘릴 수가 없다. 맑은 공기를 마시며 풀 향기 풍기는 숲속을 걸으니, 몸의 신진대사를 촉진하기는 등산만 한 것이 없다.

둘째는 정복의 쾌감이다. 정상에 올라 사방을 내려다보는 순간 맛보는 성취감을 그 무엇과 비할 수 있으랴. 대개 정상에는 오랜 풍상을 겪어온 바위가 버티고 있기 마련인데, 거기에 수백 년 수령의 솔이라도 뿌리를 박고 서 있다면 금상첨화다. 불어오는 시원한 바람에 땀을 식히노라면 그 쾌감은 흘린 땀과 정비례한다. 그러니 산에 갔더라도 어쩌다 정상정복의 쾌감을 맛보지 않고 내려온 날이면 어쩐지 등산을 한 것 같지도 않고 기분마저 찜찜하기만 했다.

지리산 종주를 하던 때의 일이 생각난다. 천왕봉을 오르고 나니 북쪽으로 중봉이 다가선다. 정상을 정복하고도 성이 차지 않았던지, 학생들이 정상에서 쉬는 동안 배낭을 벗어놓고, 나 홀로 중봉까지 달려가 "야호"를 외치고 돌아왔다. 그때는 개선장군이라도 된 양 의기양양했는데, 단거리 산악경주도 아님에야 그 무모한 짓을 하고도 부끄러운 줄도 몰랐으니….

그런데 언제부터인가 나의 정상정복론은 조금씩 변하기 시작을 했다. 기껏해야 1천미터 내외의 국내산들을 주름잡던 아마추어가 외국의 명산들을 가까이 접해보니 정상정복이 얼마나 허황한 꿈인가를 실감하였다. 내 능력의 한계를 느꼈기 때문이다. 더구나 근년에 와서는 근교 산행조차 젊은 사람들과는 보조를 맞추어 함께하기가 어려운 형편이니 정상의 꿈은 깨끗이 접지 않을 수 없지 않은가.

언젠가 고향엘 들렀다가 어느 기관장으로부터 여주에서 생산한 계영배(戒盈杯)를 하나 선물로 받았다. 계영배란 '넘침을 경계하는 잔'이라는 뜻인데, 잔의 밑바닥에 구멍을 뚫어놓고, 사이펀

(siphon)의 원리를 응용하여 잔의 70퍼센트 이상 술을 채우면 모두 밑으로 흘러내리게 되어있어 절주배(節酒杯)라고도 한다.

중국 제(齊)나라 환공(桓公)은 스스로의 과욕을 경계하기 위해 사용했으며, 늘 곁에 두고 보는 그릇이라 하여 '유좌지기(宥坐之器)'라 불렀단다. 공자도 이를 본받아 스스로를 가다듬으며 과욕과 지나침을 경계했다니 비단 술뿐만 아니라 인간의 끝없는 욕심을 누르는 상징적인 의미도 지니고 있으렷다.

계영배를 바라보면서 나도 술은 말할 것도 없고, 등산도 7부 능선까지만 가는 것으로 만족하자고 마음을 달래기 시작했다. 정상 정복의 욕심을 버릴 수 있는 좋은 구실을 찾은 셈이다.

세월이 갈수록 체력이 떨어질 뿐만 아니라 생각의 폭도 변화를 하기 마련이다. 사실 산을 정복한다는 말부터가 얼마나 오만한 생각인가. 태초부터 영원히 존재하는 대자연을 6척 인간이 정복하려고 들다니 당치도 않은 일이다. 산은 정복의 대상이 아니다. 산에 들어가고[入山] 정상까지 오를[登頂] 뿐이다.

겸허한 마음가짐으로 산의 품에 안기면 산은 새로운 경지로 다가온다. 굳이 기를 쓰고 꼭대기까지 기어 올라가야만 할 이유도 없지 않은가.

앙상하게 말라붙었던 굴참나무 가지에 윤기가 돌고, 그 사이로 뿌옇던 하늘이 새파란 얼굴을 드러낸다. 얼어붙었던 골짝의 얼음이 녹아내리는 소리가 귓전을 간질이고, 바위 틈새를 비집고 자리 잡은 버들개지가 부풀어 오른다. 진달래, 산목련만 꽃이더냐. 양지쪽 풀섶에서도 앙증맞은 들꽃이 수줍게 반겨주지 않는가. 신록이 온 산을 물들이고 훈풍에 날려 연둣빛 풋잎이 한들한들 춤을 추고, 솔향기 가슴 깊숙이 스며들 때면 어느새 정상에의 집념은 사라지고 만다.

녹음이 짙어지고, 얼마 안 되어 조락의 가을단풍이 황홀하게 불타오르고, 밤새 소리 없이 내린 눈으로 온 천지가 새로 변장을 하여 눈꽃이 만발하니, 철따라 어김없이 산은 그 신비로운 참모습을 보여준다. 칠부능선까지만 오르리라 마음을 비우니 마음의 눈이 열려 나무와 풀들의 오묘한 몸짓이 보이고, 안 보이던 산하의 아름다움이 들어온다. 마음의 귀도 뚫려 들리지 않던 새소리, 풀벌레 울음소리며 초목들의 속삭임이 귓전을 울린다. 숲에 들어서는 초입부터 찬탄을 연발하게 된다. 그래서 콧노래를 흥얼거린다.

산이 있어 손짓하고 숲이 있어 팔을 벌려주니, 나는 오늘도 산에 들어 그 품에 안겨본다.

(2009. 8.)

늙마에 외도를 즐기다

나는 지금 열애 중이다. 그것도 아주 뜨겁게….

나는 어려서부터 부모님이나 선생님의 말씀을 잘 듣고 공부도 잘 하는 모범생이었다. 좋게 말하면 착하고 성실했지만, 나쁘게 말하면 융통성이 없는 졸장부였다. 아무튼 그래서는 나라를 경영하고 대중을 이끌 만한 큰 인물이 되기는 애당초부터 틀려먹었다. 될성부른 나무는 떡잎부터 알아본다고 했던가.

누군들 자신의 삶을 되돌아보면 바보 같은 때도 후회스러운 일도 더러는 생각나지 않으랴. 탈선을 해보고 싶은 유혹, 외도를 즐기고 싶은 충동이 어찌 한두 번뿐이었을까 만은 기질과 환경 따라 실행에 차이가 있을 뿐이렷다.

나는 대학원을 수료하자마자 운 좋게 대학 강단에 서게 되었고, 정년퇴직을 하기까지 대학 캠퍼스를 떠나보지 못했다. 순탄하다기에는 너무나도 단조로운 일생이라고나 할까. 31세에 이화여자대학교의 전임강사가 되어 12년을 꽃밭에서 젊음을 불살랐으니 탈선을 해봄직도 했다. 여주농업고등학교 제1회 졸업생으로 서울대 법대를 나와 교수가 되었으니, 여주에서 국회의원 출마를 해보라는 유혹도 받았다. 그러나 나는 탈선을 할 배짱도 외도를 즐길 마음의 여유도 없었다. 오직 상법을 가르치고 법률논문을 쓰는 데 전력투구를 했으니 말이다.

성균관대학교에서 정년퇴임을 하고도 몇 해가 지났는데, 늙마에 내가 문학의 길로 들어설 줄이야 어찌 상상이나 했겠는가. 제자들의 눈에는 어떻게 비칠지 모르나 분명히 법학자의 외도다. 저명하다고 자부하는 법학자가 무명 수필가의 길을 가다니. 그러나저러나 수필이라는 문학세계를 진작 알았더라면 나는 발을 못 들여놓았을지도 모른다. 문학에 너무도 무식해서 용감하게 덤벼들었다.

2005년 8월에 『수필문학』에 「독도의 존재」로 추천완료 등단을 하면서, 바로 그달 하순에 시드니에서 열린 제2회 해외심포지엄에 참석을 했다. 문인들과의 첫나들이다. 시드니수필문학회의 문우들과 함께한 자리에서, 내 차례가 되어 "저는 3관왕의 수필가입니다"라고 했다.

그 자리에 모인 문우들 중에서 나는 첫째는 '최근' 등단 작가요, 둘째는 '최단기' 천료 등단 작가였다. 그해 7월에 「금강산의 봄」으로 초회추천 당선을 했기 때문이다. 셋째는 '최고령' 신인이었다. 73세에 등단을 했으니, 자랑거리는 못돼도 드문 일일게다. 늙마에 끼어 들은 막내 운운하며, 지도 편달해 달라고 인사말을 했으니, 그곳에 있던 젊은 선배들은 속으로 미소를 머금었을 것이다.

돌이켜보면 나는 너무 쉽게 문단에 들어섰다. 수필이 무엇인지를 모르고 등단을 한 셈이니 말이다. 강 회장님의 특별 배려라 생각한다. 정년 후 무료함을 달래려고 자주 해외여행을 하게 되었다. 처음에는 남는 것은 사진밖에 없다며 열심히 찍어 왔는데, 얼마 있다 보니 어느 나라의 사진인지 분간을 할 수 없지 않은가. 그래서 기행문을 쓰기 시작했다. 어느 날 기행문을 본 청계 화백이 기왕이면 수필가로 등단을 하라고 용기를 주었다. 그렇게 하여 20여 매의 금강산 기행문을 15매로 줄인 것이 내 초회추천 당선 작품이다.

그러니 나는 남들처럼 화려한 문학수업 시절이 없는 불행한 문인이다. 등단하기 전에 남의 수필집 한 권을 제대로 읽어보지 못했다. 무관심해서 문학잡지가 그렇게 많이 있는지도 몰랐고, 『수필문학』을 통해서만 등단을 하는 줄 알았다. 물론 수필을 공부하는 동아리 모임이 있는 줄도 몰랐다. 수필이란 붓 가는 대로 쓰는 글이란 말은 어디서 주워들었기에, 생각나는 대로 쓰기만 하면 글이 되는 줄 알았다.

등단한 후에야 '기승전결'이란 말도 들었고, 내 글을 읽고 "문장은 수려한데 수필이 되려면 양념을 좀 쳐야겠다."는 선배 문우의 촌평이 이해가 되었다. 수필을 어렴풋이 알고, 감칠맛 나는 남의 수필도 읽어 보니, 이제는 수필을 쓰기가 더 어렵지 않은가. 수업시대의 가시밭길을 겪어 보지 않았으니 당연한 결과이겠지만…. 학문에는 왕도가 없다고 외쳐 왔는데 문학의 길이라고 다를 리 있으랴.

빨리 법학자의 허물을 벗어부쳐야 하겠거늘 몸에 밴 습관이 쉽게 고쳐지지를 않는다. 법률논문은 객관적이고 정확해야 한다. 그래서 문장마다 달아 주는 각주는 논문의 생명이다. 절대로 주관적인 상상이나 감정의 개입은 금물이다.

법학자의 허물을 벗기가 힘은 들지만, 그래도 한편 늦게나마 시작한 것이 다행스럽다는 생각도 든다. 독일의 누군가는 법학을 '빵의 학문(Brotwissenschaft)'이라고 했다지만, 나 같은 둔재가 아마도 일찍 문학의 길로 들어섰더라면, 빵문제를 해결 못해서 중도 포기를 했을지도 모른다.

내가 수필을 잘 쓰겠다고 아무리 발버둥을 쳐도 경제생활에 도움이 되는 것이 아님도 분명해진다. 그래도 누가 실적을 평가하자는 것도 아닌데, 되는대로 자꾸 써본다. 작년에 기행문집

『지구촌의 여정』을 엮었고, 금년에는 나고야경제대학의 제2 정년을 기념해서 수필집 『원숭이 목각』을 엮어냈다. 내후년에는 희수기념으로 또 무엇인가 엮었으면 하는 욕심이 생긴다. 노욕을 버리라는데….

글을 쓰다 보니 돈은 안 벌려도 색다른 즐거움을 맛본다. 한 구석에 처박아 두었던 목각이 되살아나는가 하면, 친구로부터 받은 선물 하나도 달리 보인다. 등산을 해도 여행을 해도 보는 시각이 달라졌고, 생각하는 폭이 넓어졌다고나 할까. 문학의 길이 힘들기만 한 것은 아닌가 보다. 모든 길이 험난하면 험난한 만큼이나 즐거움도 크기 마련이고, 보람도 맛보기 마련이리라.

늙마의 외도에 나는 요즘 세월을 거슬러 매일 매일 새롭게 젊어지고 있는 중이다. 지는 노을이 아름답듯 살아온 삶을 정리하면서 그곳에 곱게 채색을 하다 보면 황혼길이 외롭지 않을 것 같다. 그러니 때늦은 외도를 그 누가 탓하랴. 나는 지금 열애 중인 것을.

(2007. 6.)

우정의 나무

높푸른 하늘이 마음을 들뜨게 하는 아침이다. 앞마당의 모과나무를 바라보다 문득 생각이 나서 송천 서예가의 집에 간다. 내가 심어 놓은 모과나무의 모습이 궁금해진 것이다.

송천이 수유동에 집을 마련한 것은 1970년대 초이다. 진달래능선 너머 삼각산의 인수봉, 백운대, 만경대 세 봉우리가 눈앞에 바짝 다가오고 멀리 도봉산까지도 한눈에 들어오는 언덕진 곳이다. 언젠가는 앞집을 사서 넓게 새집을 짓고 항상 산을 바라볼 수 있는 3층에는 서실을 차리겠다는 것이 송천의 소박한 꿈이었다. 이사한 집에 무슨 선물이 좋을까 생각하다가, 기념식수를 하는 것이 오래오래 기억되겠다 싶어서 모과나무 한 그루를 사들고 가서 앞마당 한 구석에다 심어주었다.

기념수로는 넓은 뜰이라면 장수목인 은행나무나 느티나무가 좋겠고, 좁은 정원이면 항상 푸른 주목도 적당하겠지만, 나는 모과나무가 제격이다 싶었다. 나무껍질이 조각으로 벗겨져서 생기는 흰 무늬가 연두색 목피와 어우러지면 줄기가 굵어 갈수록 멋을 풍긴다. 거기다 가을에 누런 열매까지 주렁주렁 달리면 멋대로 일그러진 그 모양 자체가 정겹고, 향내 또한 짙으니 나는 어느 과일 못지않게 모과를 좋아한다. 계절의 정취를 생각하면 감나무도 좋긴 하지만.

오래간만에 송천의 안내를 받아 뜰 안에 들어서는 순간 깜짝 놀라지 않을 수 없었다. 백여 평쯤 되는 앞뜰에는 보기 좋게 다듬어진 노송을 비롯해서 머루, 다래, 앵두나무, 모란, 오죽(烏竹) 등 갖가지 나무들이 그득히 담장 따라 줄지어 서 있다. 중앙에는 실파, 고추, 방울토마토, 참취 등 채소밭까지 있어 도시 속의 전원생활을 즐기고 있지 않은가. 탐스러운 감이 주렁주렁 달린 것도 가을의 정취를 돋우어 준다. 뿐인가, 나무 밑과 마당 구석구석에는 온갖 형태의 크고 작은 수석이 널려 있다. 바로 예가 무릉도원이고, 신선이 따로 없으렷다.

나는 무엇보다도 내가 심어준 모과나무가 궁금했다. 계획대로 앞집을 사서 새로 신축을 하는 바람에 이리저리 옮겨 심어야 했고, 전정을 너무 심하게 하여 시름시름 잎 없이 말라가던 것을 2년 만에 되살려냈다고 한다. 1미터 남짓했던 가는 묘목이 줄기 둘레가 족히 네댓 뼘은 될 만큼 굵어졌고, 여러 갈래 가지를 뻗어 모과도 많이 달린다고 한다.

굵직하게 자란 줄기를 쓰다듬어 보자니 만감이 오갔다. 근 반 세기의 세월 속에 점철된 숱한 사연들과 우리의 우정이 이 얼룩진 줄기의 무늬 속에 각인되었다가 파노라마처럼 전개되는 듯하였다. 나무와 함께 성장 발전해 달라는 나의 염원이 이뤄져서, 송천은 서단의 대 원로로 자리를 굳혀가며 거목으로 변모하지 않았는가. 모과나무는 그동안 세 번이나 강제이주를 하느라 심한 몸살을 앓았다니, 송천의 지극한 정성이 없었던들 오래전에 고사하고 말았을지도 모를 일이다. 아마도 주인의 정성을 먹고 성장한 이 나무도 반대급부로 성장의 비결을 전수해 주고 주인의 발전을 기원했으리라 믿어본다. 그러지 않고서야 어찌 오늘의 늠름한 모습으로 우리 함께 무언의 대화를 나눌 수 있을까.

나도 이 모과나무의 가지만큼이나 뻗어난 셈이다. 송천의 영향을 받아 서예뿐만 아니라 동양란에 관심을 갖게 되고, 난을 기르며 감상하다 보니 수석에 눈을 뜨게 됐고, 수석에 눈이 뜨이니 문인화의 맛과 멋을 느끼게 됐다. 그러다 보니 자연스럽게 화단의 몇 분과도 친분이 생기고, 청계 화백도 허물없는 사이가 되었다. 청계 화백의 권유를 따라 뒤늦게 『수필문학』으로 등단까지 하기에 이르렀다. 되지도 않은 글을 써보겠다고 끄적거리기도 하고, 이제는 법학자보다 문인들과의 교류가 더 빈번해지고 있으니….

몇 해 전에 예술의 전당에서 송천의 고희기념 개인전에 초대를 받았다. 전시관의 2층과 3층을 연결하는 홀의 벽을 꽉 채운 거작이 지금도 눈에 선하다. 정다산(丁茶山)의 『목민심서』「율기편(律己篇)」을 시종 한 자의 흐트러짐 없이 폭 12미터에 높이 6미터의 초대작으로 완성하였다. 대가답게 노익장을 자랑하며 혼을 담아 멋과 힘을 과시한 불후의 명작을 남겨 놓은 것이다.

완숙한 필치에 매료되어 그 많은 작품 중에서 나도 소품을 하나 찍었다. 「山情無限」이란 예서 횡액이다. 내 거처는 정원이 없는 빌라 3층이고 보니, 내 안방 벽에다 송천의 고희기념식수를 한 셈이다.

「山情無限」은 정비석의 금강산 기행문의 제목이기도 하니 현란한 필치로 엮어나간 산정무한의 글귀가 되살아나고, 내가 체험한 만물상의 정취가 방 안에 가득히 서리는 것만 같다. 어쩌다 방바닥에 벌렁 누워 벽에 걸린 액자에 눈이 가다 보면 늙은이답지 않게 감상에 젖어 들기도 한다. 山情無限이 友情無限으로 둔갑하여 아득한 추억의 세계로 나를 몰아가지 않는가. 두어라. 山情無限이면 어떻고, 友情無限인들 어떨 소냐. 내 마음 즐겁고 풍요로우니 글자를 따져 무엇 하리.

한 그루의 모과나무가 오랜 풍상 속에 꿋꿋이 둥치를 키우며 오늘까지 송천과 나의 우정을 엮어주었으니, 이 모과나무를 '우정의 나무'라 명명하면 어떨까.

그렇다. 기념식수임을 알리는 표지목 하나 세워주지 않은 채 반세기를 외롭고 서럽게 자라왔으니, 이제라도 '우정의 나무 기념비'라도 세워주면 어떨까 싶다. 내 가슴 깊숙한 곳에라도.

(2006. 10.)

황혼주례

나이가 들면서 나는 생활지침으로 몇 가지를 정해놓고 실천하려 애쓴다. 첫째, 차는 적게 타고 많이 걷는다. 둘째, 밥은 좀 부족한 듯할 때 수저를 놓는다. 셋째, 경조사에는 열심히 참석하되 주례는 사양한다. 넷째, 말은 적게 하고 많이 듣는다와 같은 것들이다.

그런데 얼마 전에 3항의 본문에다 '그러나 황혼주례는 예외로 한다.'라고 단서를 붙이는 개정을 하지 않을 수가 없었다.

아마도 주례를 선 숫자는 수백 쌍이 될 것이다. 어쩌다 서른 살 이전 총각 시절부터 주례를 맡은 것이 대학생들과 평생을 지냈으니 제자들의 주례만 해도 헤아릴 수 없다. 그러니 주례의 달인쯤 되었다고나 할까.

근래에 와서 '이젠 졸업을 했다'고 사양하기로 한 데는 몇 가지 이유가 있다.

스스로 나이를 먹었다고 생각하거나 노부모를 모시고 있는 경우는 주례를 사양하는 것이 바람직하기 때문이다. 이웃에 사시던 같은 학과의 원로교수가 결혼식 날까지도 독감이 떨어지지 않아 본인들의 양해도 없이 내가 대리로 주례사를 하기도 했다. 지역 국회의원인 주례가 갑자기 못 오게 되어 하객으로 갔다가 그 자리에 서기도 했다. 그런 경우는 도와준 것이지만, 반대로 못할 일을 한 경우도 없지 않다. 제자의 주례를 마산에서 서기로 했는데, 아버지가 돌아가셨으니 어찌하랴. 변명의 사유는 돼도 그 제자를 떠올리면 평생 씻을 수 없는 죄책감마저 느낀다.

보다 더 중요한 이유로는 신랑 신부의 장래를 위해서 젊은 분들께 그 자리를 양보하자는 뜻이다. 가능한 한 본인들과 오래도록 유대관계를 유지하며 도와주고 돌봐줄 수 있는 사람과 인연을 맺는 것이 좋다고 생각해서이다.

내 경우는 법대 학장이셨던 고병국 선생님을 주례로 모셨다. 그 후 선생님께 평생 세배를 다니며 가까이 지냈다. 이화대학의 김옥길 총장을 찾아가서 추천을 해주신 덕분에 총장 인터뷰도 생략하고, 그도 학기가 끝나가는 11월 3일 자로 취임발령을 받았던 것도 잊을 수 없는 일이다.

하나 더 이유를 내 세운다면, 결혼식장 분위기의 경박화이다. 주례사가 끝나면 흔히 사회자가 장난 비슷한 놀이를 하는 경우를 보게 된다. 하객들 앞에서 입맞춤을 하라, 구두에 술을 부어 들이켜라, 팔굽혀펴기를 열 번 이상 하라는 등 신랑 신부는 물론 하객들에 민망한 짓을 강요한다. 그것이 재미있다고 즐겨들 하니 도저히 참을 수가 없어 뛰쳐나오고 만다. 그래서 시종 엄숙한 분위기를 유지한다는 약속이 나의 주례 승낙의 조건이 된 셈이다.

지난여름의 일이다. 친목 모임의 회장으로부터 어느 회원이 재혼을 하는데 가까운 사람들이 모인 곳에서 축사를 하는 것이 좋겠다기에 그만 승낙을 했다. 그 후 초혼인 신부를 위해 꼭 결혼식을 거행하겠으니 주례를 맡아달라는 것이 아닌가. 평생 해온 주례사의 틀을 바꾸지 않을 수 없었다.

대개 내 주례사는 축하의 인사말, 신랑신부의 소개, 인생선배로서의 당부, 백년해로의 기원으로 끝을 맺는다. 그러나 이번의 경우 신랑은 왕년에 전주이씨대동종약원의 청년 이사로 명성을 날렸고, 사업에 성공하여 다방면으로 활약하는 양평의 유지인데다, 칠순을 넘겼으니 인생살이는 내가 되레 배워야 할 처지였다. 신부는 그보다 젊었으나, 오랫동안 교육과 사회활동에 헌신하여 온 이천의 여류 명사이니 당부의 말이 어울리지 않을 것 같다. 고심 끝에 주례사의 핵인 당부 부분을 빼기로 했다.

그 대신 그들의 용단을 칭송하기로 했다. 젊은 사람들도 결혼을 늦추거나 독신생활을 즐기려는 것이 오늘의 사회 풍조가 아닌가. 결혼을 해도 아기조차 낳을 생각을 않는 판국에, 황혼기에 동반자를 찾아 새 보금자리를 꾸민다니 그 용기와 현명함을 높이 평가하지 않을 수 없었다. 초고령화 사회로 들어선 마당에, 앞으로 2, 30년의 노을녘을 얼마든지 화려하게 장식할 수도 있지 않겠는가 생각한다.

축하와 간절한 기원의 뜻을 담은 시조 한 편을 낭독하고 주례사를 맺고 말았다.

아늑한 오두막을 위하여

- 규일과 정애의 합례에 부쳐

묵은 신랑 젊은 신부 둥지를 새로 틀어
음양의 순리 따라 다른 세월 밝히려니
노을은 한껏 붉어서 황홀한 세상이라

강 너머 일꾼에다 마파람의 손잡이
두 고장 소통하며 꿈일런 듯 몸 던지니
걸음도 한결 더 힘차 큰 집을 일으키리

"감사합니다."

나의 맺음말이 떨어지자마자, 객석에서 누군가가 외쳤다.

"주례 따봉!!"

이어서 모두들 박수를 쳐대니 엄숙했던 분위기가 확 바뀌고 말았다. 새로운 활력을 찾아 오래오래 행복하기를 거듭 기원하며 식장을 나섰다. 하늘도 축복을 하는 양 한층 더 맑은 듯했다.

(2011. 8.)

우정의 나무 2대

몇 해 전에 송천(松泉) 서백(書伯)의 집을 찾아 나섰다. 문득 생각이 나서 가긴 했으나 따져보니 몇 십 년 만의 방문이 아니던가. 가슴마저 두근거린다. 송천을 보고 싶어서라기보다 아직도 그 나무가 살았으면 어찌 자랐을까 하는 궁금증 때문이다.

대문을 들어서며 모과나무부터 살폈다. 순간 깜짝 놀랐다. 둥치 둘레가 여러 뼘도 더 되는 거목으로 성장해 있으니 말이다.

송천은 삼십 대에 처음으로 집을 샀다. 북한산과 도봉산의 봉우리들이 한눈에 들어오는 수유리 언덕배기의 자그만 집이었다. 장차 앞집까지 사서 털어내고 새로 넓게 지어 이층에 서실을 마련하겠다는 꿈에 부풀어 있었다. 거품같이 일어나라고 가루비누라도 사들고 갈까 하다가 나무를 심어 주기로 했다. 겨우 엄지 굵기의 모과나무 한 그루를 사들고 가서 마당 한 귀퉁이에 함께 심던 일이 어제 일만 같다.

젊은 날의 그 꿈대로 앞집을 샀고 널찍한 정원을 갖춘 훌륭한 저택이 되어 있었다. 도심 속의 전원생활을 즐기고 있으니 부럽기 그지없다. 신축을 하면서 도리 없이 모과나무는 이리저리 옮겨 다니는 수난을 겪기도 했는데, 어렵게 살려냈다는 사정도 들었다. 힘든 고비를 넘기며 우람하게 자란 그 둥치를 어루만지려니 감회가 새롭다. 우리들의 반세기 우정사를 증언하는 '우정의 나무'다.

송천은 내가 좋아하는 친구이자 존경하는 서예 스승이다. 오래전에 그의 개인전에서 '松巖飛瀑'(송암비폭)이라 쓰인 작품 한 점을 들여왔다. 그날부터 바위 위에 노송이 박히고 절벽에서 떨어지는 폭포의 물거품이 솟구치는 풍광을 늘 가슴속에 품고 살아왔다.

그렇게 세월 따라 가슴 깊이 삭여진 송암 두 글자가 금년 봄에 청마를 타고 화려하게 송암정(松巖亭)으로 환생한 꼴이 됐다. 누가 내 노을녘의 전원생활을 처사(處士)라 평할까마는, 실은 늦깎이 문인으로 글을 쓰기 시작할 때부터 오늘의 꿈은 싹트기 시작했다.

마침 장남이 결심을 굳힘에 따라 고향의 산을 밭으로 개발하여 표고버섯농장을 마련하는 대역사를 시작했다. 그러니 2013년은 우리 부자에게는 귀농의 원년이 되는 셈이다.

산자락에 가득 들어선 상수리나무들을 베어내니 따가운 뙤약볕을 피해 잠시나마 쉴 수 있는 한두 평의 그늘마저도 사라졌다. 화장실보다도 더 시급한 것이 그늘막이니, 목수와 계약부터

체결했다.

누군가 정자는 허가사항이 아니니 신고만 하면 마음대로 지을 수 있다고 귀띔을 해준다. 법을 가르쳐 온 노교수답게 준법의 모범을 보이자고 신고부터 하러 갔다. 그러나 창구의 담당공무원과 입씨름만 하다 돌아왔다. 정자는 대지에만 지을 수 있고 신고만 하면 되나, 밭에는 신고도 필요 없지만 원두막만 지을 수 있다지 않는가. 명품 정자의 꿈이 박살이 나는 순간이다. 그렇다면 밭에다 정자를 지어달라고 준 계약금은 어찌한담.

정자와 원두막이 어떻게 다르냐고 물으니 그 답은 알쏭달쏭하다. 요지인즉, 원두막은 참외밭 머리에 네 기둥을 박고 짚으로 지붕을 한 비바람의 간이 가리개요, 정자는 대지 위에 기와를 올리고 제대로 지은 쉼터라고 한다. 현실을 무시한 규제의 논리가 이렇다지 않은가.

요새 짚을 엮어 지붕을 덮을 줄 아는 사람이 몇이나 있으며, 매년 그 짓을 거듭하는 것이 얼마나 비경제적인가. 어디 그뿐이랴. 짓는 사람의 취향과 재력에 따라 천차만별이 될 터인데 어떻게 구별한단 말인가. 그러니 대지에 지으면 정자요, 밭에 지으면 원두막이란 논리라면 알기 쉽고, 어느 것이든 견고하게 잘 지으면 좋지 않겠는가.

몇 달을 궁리한 끝에 명품 원두막을 짓기로 작정했다. 경상도의 봉화 닭실마을 권 씨 댁 청암정(靑巖亭) 같은 정자는 흉내도 못 낼망정 여내울의 볼거리로 꼽혀 그저 이웃 사람들의 시원한 쉼터로 오래 남았으면 한다. 나 혼자 몇 해 이용하자는 것이 아니라 내심 다음 세대에 물려줄 문화재감을 남겼으면 하는 욕심이다.

송천이 선뜻 '松巖亭(송암정)' 석 자를 써주었고, 경우(景愚) 목수가 정성을 쏟아 마루판을 짜맞췄다. 음양각의 현판은 인사동 '한국서각사'에 특별히 주문제작을 했으니 흔치 않은 원두막이 된 셈이다.

흔쾌히 뜻을 모은 분들의 고마움을 전하고자 시조 한 수도 걸어두기로 했다.

송천(松泉)·해암(海巖) 뜻 모으고
경우(景愚) 목수 힘 붙여

갑오년 큰 추위에
현판까지 매어 다니

이웃도 함께 즐겨서
더한 정을 나누네

이 역사적인 일들을 기리기 위해 마주 보이는 언덕에 또 한 그루의 모과나무 심기도 잊지 않는다. '우정의 나무 2대'다.

(2014. 1.)

자리공과 싸움하기

올해는 마른장마에 유난히 더웠다. 태풍이 스쳐갔다지만 내린 비마저 흡족치 않았으나, 비 온 끝이라 고속버스에 몸을 싣는다. 아들의 버섯농장도 궁금하지만 다녀온 지 일주일이나 지났으니 그놈들이 얼마나 기승을 부리고 있을까 걱정이 앞서서였다.

지난해 상수리나무를 베어낸 자리에 드문드문 묘목도 심었으나 엉기는 잡초의 기세에 밀려 백기 들고 내가 투항한 꼴이었다. 올해는 푸른 하늘을 가리던 큰 나무 그늘조차 없으니 온갖 들풀의 싹이 더욱 기세등등할 터, 그래서 일보 후퇴. 그 많은 잡풀 중 제일 고약한 놈 하나만이라도 골라 씨를 말리기로 전략을 짰다.

잎이 깨끗하고 탐스럽다. 뿐만 아니라 빨리 자란다. 맨손으로 뽑으려면 줄기가 끊어지고 만다. 며칠 지나면 뿌리에서 또 새순이 돋는다. 뿌리는 돋아난 싹보다도 길고 굵어서 괭이로 파내기 전에는 뽑히질 않는다.

이놈을 주적(主敵)으로 지정하고 이른 봄부터 싸워온 데는 또 다른 까닭이 있다. 한더위를 맞으면 꽃이 핀다. 수없이 많이 달리는 떨기꽃이 지면 보랏빛 열매가 달리는데 그때 가서 뽑아내려 덤벼들면 옷에 물이 들고 씨가 퍼져 낭패다. 꽃이 피기 전에 소탕하는 것이 상책이다.

저놈을 발효하여 그 억센 기운을 농약이나 성장촉진제로 쓸 수는 없을까도 생각해 보았다. 도대체 그 이름이라도 제대로 알아야 찾아보기라도 할 터인데….

답답하던 터에 아들이 용케도 알아냈다. 이름도 별난 '자리공'이라나. 오늘도 팔십여 포기나 캐냈다. 허리가 끊어질 것 같다. 그러나 기분은 후련하다. 숙적을 섬멸한 개선장군이라도 된 듯 싶다.

집에 돌아오자 인터넷에서 자리공부터 쳐 보았다. 그랬다. 그 풀이 선명하게 뜬다. 오래전부터 우리나라 들판에 퍼져 있는 약초가 아닌가. '상육(商陸)'이란 한약재다.

열매와 뿌리가 독성을 지녀 다른 식물의 성장을 방해하며 동물이 열매를 따 먹으면 죽기도 한단다. 약으로 쓸 때에는 보통 탕으로 사용하며, 주로 소화기, 신경계, 비뇨기 질환 등을 다스린다.

연한 순을 잘라 물에 데쳐 하루 정도 독성을 우려내고 먹으면 식감(食感)이 아주 좋은 맛있는 나물이 된다고도 한다. 그렇다면 자리공은 언제라도 어린 순을 구할 수 있으니 봄부터 가을까지 먹을 수 있는 좋은 나물이 아닌가.

그밖에도 자리공을 가지고 친환경 농약도 만들고, 그 열매가 보라색으로 익으면 거두어 천연염료로도 이용한다고 하니 얼마나 유용한 들풀인가.

나의 욕심 어린 경박성과 들풀에 대한 증오심으로 인해 한여름을 허비한 셈이다. 헛고생으로 허탈감마저 느낀다.

가깝게 널려 있는 들풀이 알고 보면 귀찮은 잡풀이 아니라 가꾸고 보전해야 할 보물들이 아닌가. 취나 고사리, 산마늘, 도라지는 말할 것도 없지만, 누구나 쳐다보지도 않는 쇠비름, 민들레, 씀바귀, 질경이, 돼지감자 같은 건강 식재료가 얼마든 널브러져 있다.

자연에 관심을 갖다 보면 그만큼 기쁨과 건강이 찾아올 것을 대부분 흘려보내고 있지 않는가.

(2015. 9.)

장닭의 울음소리

밤을 새워 울어대던 개구리가 조용해지면 기다렸다는 듯이 장닭이 새벽을 깨운다. 건넛마을에서 울려오는 개 짖는 소리며 대꾸라도 하듯 목청을 돋우는 이 장닭의 울음소리는 시골 생활을 한껏 정겹게 한다. '꼬끼오' 소리는 새 아침에 생기를 불어넣는 활력소다. 가까이서 들려오는 저 소리가 오늘은 유난히 힘차게 들린다. 내 집에 입양해온 새 가족의 기상나팔이니 더욱 정겹고 대견스럽기만 하다.

미루어 오던 시골 농장의 개집과 닭장이 드디어 준공되었다. 목수까지 동원되었으니 가히 사성 호텔급이라 할까. 이를 본 아들의 친구가 자기 집의 토종닭 세 마리를 잡아다 풀어놓았다. 암탉 두 마리와 수탉 한 마리다.

호사다마라 했던가. 35도를 넘나드는 삼복 찜통더위에 못 견디고 암놈 하나가 기절을 했다. 얼마 후 깨어나긴 했으나 하루를 못 넘기고 영 눈을 감고 말았다. 아깝다기보다 불쌍하다. 그러나 어쩌랴.

문제는 그 사후처리다. 소나무 밑에 묻어 수목장이라도 해줄 것인지, 복중이니 얼결에 보신이라도 해야 할 것인지. 죽은 놈이라 좀 찜찜하기는 하나, 병사한 것은 아니니 오히려 먹어버리는 것이 그놈에 대한 예우일 것도 같아 결단을 내렸다.

시간이 가기 전에 빨리 물을 끓이라고 했다. 난처한 것은 그 다음의 조치다. 어릴 적 충격에 평생 닭고기를 못 먹는 아들은 거들떠보지도 않고, 공주마마 같은 며느리는 그저 물만 끓여다 놓고는 도망친다. 닭을 사다 요리를 잘 해주던 마누라도 팔 걷고 덤벼들 생각을 않으니 이를 어찌한담. 사령관인 내가 솔선수범하는 수밖에.

펄펄 끓인 물에 튀겨 털만 겨우 뽑았지만, 난제는 이제부터가 아닌가. 해부학 학점도 따고 실습도 했을 전문의인 마누라는 구경만 한다. 도리 없이 집도도 백발의 법학교수인 내 몫이 되고 말았다. 어릴 때 견학을 한 체험을 더듬어 처음으로 칼을 잡아 본다. 손이 떨리니 식칼을 목줄기에 올려놓고 망치로 내려친다. 몇 번 시도 끝에 성공을 했으니, 닭다리도 그렇게 잘라냈다.

문득 어머니 생각이 난다. 더위가 찾아들면 한 해도 빠짐없이 닭곰탕을 해주셨다. 기르던 닭을 붙잡아 손수 목을 비틀어 조른다. 튀기고, 배를 갈라, 내장까지 알뜰하게 처리해 아들을 먹였다. 쫄깃쫄깃한 똥집의 그 맛, 오물을 깨끗이 씻어내어 요리했던 창자의 식감을 지금도 잊을 수가 없다.

나는 내장을 몽땅 들어냈다. 몇 개나 달린 알의 노른자마저도 훑어내 버렸으니, 저세상의 어머님이 웃으실까 아니면 역정을 내실까, 궁금해진다.

다음 날 나머지 암탉마저 큼직한 알을 하나 낳아 놓고 더위를 못 이겨 또 기절해 뻗어버렸다. 어디 더위뿐이랴. 등판의 털이 몽땅 뽑혔으니 얼마나 아팠으랴. 기운이 넘쳐나는 수놈이 때 없이 올라타고 쪼아댄 탓이다. 누구를 탓할 일이 아니다. 평균 열 놈쯤 거느려야 직성이 풀린다는데 겨우 두세 마리였으니.

그놈도 이제는 졸지에 홀아비가 되었다. 밤낮없이 울어댄다. 분노의 폭발이요, 고독의 절규다.

조용한 농장의 열기를 뒤흔들며 또 울려 퍼진다. 홀아비 장닭의 호소가 한층 더 애절하다.

> 홀아비 된 장닭은 목 놓아 울어대고
> 햇볕은 소리 없이 텃밭을 달구는데
> 처절한 저 매미소리 내 가슴을 태우네

(2014. 8.)

새로 맞은 반려자

"제발 그 싸구려 가방 좀 바꿔요. 세탁 한 번 안 하고 십 년도 넘게 메고 다니니, 궁상맞게. 내가 좋은 것 하나 사줄게…."

"무슨 소리, 가볍고 편리하면 됐지, 난 마누라는 바꿔도 가방 바꿀 일 없어요."

툭하면 핸드백 타령을 하는 아내의 유행병에 저항이라도 하는 것일까. 아니다. 나는 좋은 가방도 많다. 가죽으로 만든 서류가방, 책 두어 권 넣어 어깨에 늘어뜨리던 고급가방, 간단한 소지품을 담아 손목에 매어 달던 외출용 손가방이며 가지가지다.

오래전에 이태원을 지나다 만난 놈, 이것 하나만 어깨에 대각선으로 둘러메면 어떤 나들이에도 대처할 수 있다. 국방색 화섬천에 가볍고 간편하니 명품가방이 따로 없다.

그런데 엊그제 넓죽한 사각 배낭 하나를 사 메었다. 크고 작은 등산용 배낭도 여럿이건만. 많이도 변한 내 모습에 걸맞은 방어용 전투장비라고나 할까.

날이 갈수록 집중력이 떨어지고 깜박깜박하니 손에서 떨어지면 놓고 일어나는 일이 빈번해진다. 안전을 위해서 열쇠뭉치도 지갑도 끈으로 매어 주머니에 넣는다. 지하철 카드는 목걸이에, 안경도 목에 걸었다.

언제부터인가 다리가 무겁고 힘이 빠졌다. 넘어지면 끝장이라고 조심하란다. 멋이 아니라 낙상에 대비해서 지팡이를 즐겨 든다. 한 손에 지팡이 다른 손에 물건이라도 들게 되면 옆구리에서 덜렁거리는 가방이 거추장스럽기도 하다. 오히려 등에 잡아매는 것이 편안하겠다는 생각이 들었다.

서실에서 가끔 만나는 천안댁이 보기 좋다. 핸드백을 손에 들지 않고 배낭을 등에 진 모습이 듬직하고 멋지다. 정작 배낭을 져야 할 사람은 내가 아닐까 싶었다.

붐비는 인사동 골목을 빠져나와 지하철역으로 가는 길목의 가게에 주렁주렁 매어 달린 가방들이 내 눈길을 끈다. 젊은 여자들이나 들고 다닐 가방들이다. 나도 모르게 안으로 들어섰다. 남성용은 없을까 하는 호기심에서.

값나가는 가방이 즐비하다. 보랏빛 배낭이 눈에 띈다. 중형이 적합하나 대형의 디자인이 맘에 들어 만난 김에 짊어지고 나왔다.

웅크렸던 어깨가 저절로 펴지니 걷는 자세가 교정된다. 가슴을 펴니 나도 십 년은 더 젊어진 기분이다. 어깨걸이 배낭끈을 조이니 누군가 내 몸을 포근히 안아주는 듯하다.

지하철의 계단도 걱정이 안 된다. 자빠져도 등을 받쳐주고, 자유로운 양손으로 무엇이든 붙잡을 수가 있다. 그러니 배낭은 등산객만의 필수 장비가 아니라 노인에겐 어디서고 소용되는 외출용 방어 장비가 아니겠는가. 유비무환(有備無患)이라 했다.

배낭을 진 채 경로석에 털썩 주저앉는다. 훌륭한 등받이다. 딱딱하고 서늘한 등 쪽이 푹신해져 거실의 소파인 양 편하다. 지팡이의 T자 손잡이에 손목을 걸치니 스르르 잠이 온다. 운동화에 마스크를 하고 방한모까지 뒤집어쓰면 완벽한 전천후 전투장비가 고루 갖추어진 셈이다.

남은 일은 걷는 일뿐이다. 움직이면 살고 눕게 되면 끝이란다. 바람이 차도 노을이 짙어가도 새로 맞은 반려자를 업고 열심히 걸어 보련다. 가을의 노랫가락을 흥얼거리며 발길 닿는 데까지.

(2014. 10.)

줄줄이 매달고

언제부터인가 일상에 쓰이는 자질구레한 것들을 줄줄이 매달고 다닌다. 열쇠꾸러미는 오른쪽 바지 뒷주머니 가까이 혁대에, 신용카드가 들어 있는 지갑은 오른쪽 주머니 위의 바지 고리에, 경로우대 지하철카드는 목에다 건다. 뿐인가, 목에 안경까지 걸자니 거추장스럽기도 하다. 그러니 어쩌랴. 손에서 놓기만 하면 빠트리거나 잃어버리는 상습범이 되었으니.

요새는 아끼는 명아주지팡이는 모셔두고 허름한 등산용 지팡이를 애용한다. 등산용 지팡이는 혹 잃어버려도 아까울 게 없어서이기도 하지만, 손잡이에 붙은 끈을 쉽게 손목에 매달 수 있기 때문이다.

줄줄이 매달고 다니느라 요즘 내 신세가 마누라는 없어도 끈 없이는 못 살 판이 아닌가. 아니, 매달고 사는 것이 아니라 줄에 내 삶이 매달린 꼴이니 목 매인 여생(餘生)이라고나 할까.

어제는 어찌나 놀랐는지 십 년은 감수한 것 같다. 여주 아들의 표고농장에 갔다가 오는 중이었다. 시내버스에서 내려 서울행 고속버스로 바꿔 탄 뒤 전화를 걸려니 웬걸, 핸드폰이 없지 않은가. 주머니란 주머니, 가방 구석구석을 뒤져도 없다. 앞이 캄캄해졌다.

하는 수 없이 게임에 열중한 옆자리의 젊은이에게 사정을 했다.

"미안합니다. 핸드폰을 잃어버렸는데, 전화 한 통화만 할 수 있을까요?"

딱하다는 눈빛으로 물끄러미 쳐다보더니 내뱉듯이 대꾸를 한다.

"전화번호가 몇 번이에요."

단축키만 쓰다 보니 아들 번호도 마누라 번호도 기억이 나지 않는다. 오직 하나, 오랫동안 사용한 집 전화뿐.

"02- 573-81○○."

신호음이 들리자 핸드폰을 넘겨준다.

"고맙습니다."

혹시 집사람이 외출이라도 했다면 어떻게 하나 했는데 운이 좋았다. 전화를 받는다. 그런데 집사람의 한마디에 위기상황이 풀렸다. 순간 온몸의 힘이 쭉 빠지는 듯했다.

조금 전에 아들한테서 전화가 왔단다. 잠시 외출했다 돌아와 내가 보이지 않으니 관리동 앞에서 내게 전화를 걸었는데, 뜻밖에 길가 돌 위에서 신호음이 울리더란다. 참으로 운수 좋은 날이 아닐 수 없다.

생각해 보니 쑥을 뜯을 때였다. 언제 오느냐고 마누라로부터 걸려온 전화를 받은 것이.

"조금만 더 뜯으면 출발해요."

통화를 끝내고는 전화기를 잘 보이는 돌 위에 올려놓고, 두 손으로 서둘러 쑥 뜯기를 계속한 게 해프닝의 시작이었을 줄이야.

금방 한 묶음의 쑥을 뜯었다. 그러나 아뿔싸, 급한 마음에 쑥만 챙기고, 돌 위에 핸드폰을 올려놓은 사실조차도 까마득히 잊었으니….

참으로 한심한 주의력이다. 이젠 핸드폰도 뒷주머니 고리에 매달아야 할 것 같다. 아직 왼쪽 바지 주머니 위에 혁대 고리가 하나 비어 있으니.

며칠 전 뉴스가 떠오른다. 젊은이가 택시에 놓고 내린 핸드폰을 악덕기사가 30만 원에 팔아먹었다 들통이 났다. 점유 이탈물 횡령죄는 보통 벌금형으로 다스렸는데, 이번에는 죄질이 나빠 징역형으로 가중 처벌했다는 내용이다. 그러한 범죄예방차원에서라도 누가 고리가 달린 핸드폰 케이스를 개발해 줄 수는 없을까.

쓴웃음이 저절로 나온다. 아직도 무엇을 더 매달 게 있다고…. 줄을 놓을 때가 다가왔는데 여전히 무언가를 매달 궁리를 하고 있으니.

매달 것을 줄이고, 마음을 비워가야지…. (2016. 5.)

경강선을 타고

설날이 또 다가왔다. 열차표가 동이 났단다. 고속도로가 꽉 막히고, 밤새워 차를 몰아야 한다는 뉴스가 마음을 설레게 한다. 고향집을 찾는 끈끈한 사랑을 느끼며 가슴을 함께 부풀린다. 젊어서 서울로 올라온 나는 이제는 찾아갈 집도 없고, 거꾸로 올라와 주실 부모님도 안 계시니 지난 일만 되새겨볼 뿐이다.

고향이 가까우니 언제든지 찾을 수는 있지만 바쁜 일에 매여 자주 들르지를 못했다. 명절 때 성묘마저도 포기한 지 오래되었다. 세곡동 네거리까지 나갔다가 하도 막혀 되돌아오기를 두어 번 한 후로는 성묘를 안 가는 버릇이 굳어져 버렸다. 그런데 언제부터인가 외로울 때면 고향 생각을 하게 되었다.

뛰놀던 뒷동산이며 마을을 둘러싼 소나무 둑이 생생하게 되살아난다. 그 둑을 벗어 나오면 넓은 개울이 흘렀고, 그 개울을 건너면 수여선 철로가 가로막고 있었다. 개울가에서 놀다 연기를 뿜어내며 '칙칙폭폭' 기차가 가까이 오면 경주라도 하려는지 건널목까지 달려가 손을 흔들어 댔다. 그 추억어린 철마도 자동차와의 경쟁에 밀려나 자취를 감춘 지 오래고, 그 협궤철로는 자동차도로로 변신하고 말았다.

목탄자동차로 한나절이 걸리던 한양 길 이백 리가 고속도로까지 뚫려 한 시간대로 가까워졌다. 남한강가의 작은 전원도시 여주는 시로 승격을 했고, 내 고향 갑동도 중앙동 '가업리'로 자리가 바뀌었다. 영동고속, 제2영동고속, 중부고속도로까지 뚫리고, 여주IC를 비롯해 나들목만도 다섯 개나 개설되었다. 반도의 중심부에서 사통팔달이니 물류와 교통의 요충으로 발전했다.

금년에는 드디어 경강선까지 개통되었다. 한 시간이면 편히 갈 수 있으니 답답하면 고향 하늘을 찾을 수가 있다. 양재동에서는 구파발이나 우이동 가기보다도 쉬워졌으니 크나큰 축복이 아닌가. 부풀은 철마의 꿈을 노래해본다.

말이 끄는 수레 타고 넘나들던 한양 길
경강선 거침없어 동서를 꿰뚫으려
철마는 큰 꿈을 안고 번개같이 달리네

어둡던 여강 하늘 희망으로 부풀고
인적 드문 산골마저 활기가 넘쳐나니

세종 님 지척에 모셔 오며 가며 받드네

전철마저 개통되었으니 늙마에 전원생활을 즐겼으면 좋겠다는 생각이 들었다. 처사(處士)의 표본이라는 남명(南冥) 조식(曺植) 선생은 노후에 산청에 내려와 산천재(山天齋)를 짓고 청빈한 선비의 생활을 즐겼다. 어찌 내가 그 흉내를 낼 수 있을까만, 그리운 고향으로 찾아들어 건강을 챙기며 유유자적 여유로운 나날을 보내고 싶었다.

지난봄이다. 감기에 걸려 기침이 심해지고, 호흡기내과의 정기 검진기간이 단축되자 겁이 털컥 났다. 그만큼 전원생활의 꿈은 절실해졌다. 급한 마음에 딸이 작은 집터를 마련했다. 온 식구가 나름대로 설계를 한다. 나는 '송암과 자향의 오두막'이라고 옥호부터 지어놓았다.

그러나 날이 갈수록 걱정이 앞서니 어쩌랴. 딸은 시골에 혼자 내려가 살기 무섭다 하고, 엄마는 팔다리가 점점 무거워지니 귀촌이 어렵다 하고, 아들은 병원이 가까운 서울이 안전하다고 걱정을 한다. 머릿속의 꿈과 현실생활의 괴리를 실감하게 된다. 출발이 성급했으면 빨리 체념하는 것이 현명한 판단이라는 결론이 아닌가. 전원의 꿈은 새봄이 오기도 전에 일장춘몽으로 끝났으니….

마음을 비우고, 고향이 생각날 때면 가볍게 발길을 옮기자. 오늘도 경강선을 타고 창밖을 내다보면서 이런저런 생각에 잠긴다. 경강선을 몇 번이나 더 탈 수 있을까.

(2016. 8.)

4

노을의 향연

6·25전쟁 영웅

하늘도 애도하는지 장맛비가 부슬부슬 내린다. 무거운 다리를 끌고 나갈 수도 없으니 나는 집에서 조사를 써보며 6·25의 전쟁 영웅을 떠나보내기로 한다.

참담했던 6·25 당시를 회상하면 울분이 터져 나온다. 소련제 탱크를 앞세워 밀고 내려온 인민군 앞에서 저항도 못해 보고 3일 만에 서울을 내어주었다. 그리고 파죽지세로 전 국토를 점령하고 대구와 부산만이 남았으니 낙동강은 최후의 방어선이었다. 여기서 밀리면 대한민국은 없어질 위기상황이다. 그때 대구를 지켜낸 결전장이 '다부동'전투이고, 그 싸움을 승리로 이끈 전쟁 영웅이 바로 백선엽 장군이다.

공포에 질린 병사들을 향해 "우리가 밀리면 미군도 철수한다. 내가 후퇴하면 너희가 나를 쏴라."며 앞장서서 돌격했다. 그는 병력 8,000명으로 인민군 2만여 명의 총공세를 한 달 이상 막아

내며 전세를 뒤집는 기적을 일궈낸 전설적 맹장이다.

백 장군은 인천상륙작전이 성공하자 미군보다 먼저 평양에 입성했다. 그러나 중공군의 개입으로 다시 서울을 내어주고 1·4 후퇴를 했다. 그 다음해 다시 서울을 탈환할 때도 최선봉에 섰다.

1·4 후퇴 때 나는 중학생의 몸으로 징집을 당해 국민방위사관학교를 갔고, 우여곡절 끝에 6·25참전유공자가 되었다. 계급은 육군 2등병이니, 최초 최고의 4성 장군은 내게는 하늘과 같은 존재요, 평생 잊을 수 없는 은인이시다.

그 위대한 별이 100수를 누리고 말없이 대전현충원으로 떠나간다. 장군이여! 편히 잠드소서.

대구 북녘 육십 리 마지막 결전장*에
앞장서며 던진 말 “물러서면 나를 쏴라”
장하다 육이오 영웅 나라를 구했느니

어수선한 나라꼴 걱정하며 가신 님
몸 던졌던 우국충정 받들 사람 누군가
역사는 밝혀 주리니 평안히 잠드소서

*대구 북방 26킬로의 전략적 요충지 다부동의 전투

(2020. 7. 15.)

내가 받은 은메달

나는 평생 경기나 생활 전선에서 일 이등을 해본 일이 없다. 여러 사람들과 겨루는 데는 절실한 의욕도 뛰어난 재주도 없었나 보다. 그저 할 일이 주어지면 성심껏 이행하고 흐르는 대로 따라갈 뿐이었다. 하기는 그러했기 때문에 6·25전쟁이 일어나자 징집에 순응하고, 방위 사관생도 모집에 따라갔다가 우여곡절 끝에 귀향하여 학문의 길에서 정진할 수 있었다.

며칠 전에 발송자가 확실하지 않은 상자가 배달되었다. 의아했으나 주소와 수취인이 분명하니 열어보았다. 잘 포장된 선물이다. 은메달이다. '영웅에게'라는 표제의 카드를 펼쳐보니 뜻밖에도 국무총리 정세균이라는 서명이 분명하지 않은가.

"존경하는 6·25참전유공자님! 70년 전 유공자님께서 목숨을 걸고 지켜내신 조국 대한민국이 지금 눈부신 경제발전과 민주화를 이루고 있습니다. … 덕분에 대한민국은 세계를 선도하는 자랑스러운 나라가 되었습니다. 그 희생과 헌신에 조금이나마 보답하고자 올해 6·25전쟁 70주년을 맞아 메달을 준비하였습니다."

이 사연을 읽고 보니 가슴이 뭉클해진다.

그동안 참전유공자라고 국가에서 매월 참전수당도 받고 유공자증을 제시하면 여러 가지 특전도 누렸기에 고맙게는 생각했지만, 5·18유공자라는 사람들의 처우를 전해 들을 때면 자존심이 상하기도 했다. 70년이 지난 오늘에서야 감사 메달까지 받게 되니 고맙고 자랑스럽기는 하나, 한편 이미 고인이 된 많은 전우들을 생각하면 미안한 생각마저 든다.

'내 가슴속 빛나는 불멸의 영웅'이란 금색 글씨가 빛나는 지지판 가운데 순은으로 만든 직경 40밀리의 은메달이 박혀 있다. 대학에서 정년퇴임을 할 때 받은 국민훈장 석류장과 함께 우리집 가보가 되었다. 6·25전쟁의 참상과 역사를 알 리 없는 젊은 애들에게 오늘의 상황을 다시 돌아보게 하는 자랑스러운 보물이다. 황금 덩어리보다도 훨씬 값진 은메달이 아닌가.

문득 작년 유월에 제69주년 6·25전쟁 참전 기념식에서 '전쟁 영웅'이라고 추켜세워 주던 서초구청장의 축사가 떠오른다. 전쟁 영웅이라는 말 한마디에 지나온 삶의 굴곡이 새롭게 조명되어 감회가 새로웠었다. 그날 「불멸의 영광」이란 시조를 지었다.

누렁 배지 흰 모자의 참전 영웅 모여서
몸 바쳐 구국하고 떠난 이름 불러대니
영광의 아픈 세월을 웃음으로 기리네

탱크 대신 핵무기로 평화를 외쳐댄들
어찌 우리 그날을 꿈엔들 잊을 수야
전우들 흘린 피땀은 길이길이 빛나리

(2020. 6.)

내가 받은 금메달

일 년에 한 편쯤은 투고를 해야 독자들이 이범찬이 아직은 먼 길로 떠나지 않았구나…. 알 수 있을 것 같아 『수필문학』에 원고를 보냈다. 6·25전쟁 70주년을 맞이하여 국무총리로부터 감사 메달을 받은 감회를 적은 글이다. 그 제목이 '내가 받은 은메달'이다.

『수필문학』 2021. 3월호를 받아 읽은 김원 총장이 안동에서 격려의 메시지를 보냈다. 은메달을 받았으니, 이제 금메달을 따라지 않는가. 순간 또 다른 문우의 얼굴이 떠올랐다.

나의 글을 잘 읽어주고 거침없이 잘못을 지적까지 해주는 분이다. 내 문단생활의 멘토라고 자랑하고 싶다. 너 나 없이 코로나로 오랫동안 답답한 나날을 보내고 있으니, 안부도 전할 겸 철자법이라도 검사를 받을 셈으로 「내가 받은 은메달」을 파일로 첨부했다. 그런데 고맙게도 그날로 가슴 설레는 사연을 보내왔다.

불멸의 영웅께,

(전략) 더없이 값지고 영예로운 은메달이군요. (중략) 오늘 저도 영웅님의 목에 제 '마음의 금메달'을 걸어 드리고 싶습니다. 인생에서도, 학문에서도, 문학에서도, 전쟁에서도 모두 승자가 되셨으니 마땅히 금메달을 받으셔야지요. 참 기쁘고 반가운 소식을 주셔서 감사합니다. 수필 감상 잘했고요.

나의 미수기념 수필집을 읽고, 남한산성 불당리에 있다는 '낙성재'는 '낙선재'라고 지적해 주었던 문우의 글이다. 그 받침 하나 때문에 가천대학의 서 학장 도움을 받아 남한산성을 다시 찾아가서 내 눈으로 확인을 했던 일이 떠오른다. 경애하는 그 문우 덕에 은메달을 받은 지가 얼마 되지 않았는데 너무도 빨리 영광의 금메달리스트가 되다니….

답답하고 힘겨운 고비마다 정성 어린 격려와 배려의 성원을 아끼지 않는 고마운 분들이 있어 나는 오늘도 망구(望九)의 산마루를 향해 힘겨운 발걸음을 옮긴다. 또 다른 금메달을 바란다면 과욕일까?

칠십 년을 되새기는 영광의 은메달
남침한 붉은 무리 몸으로 막았거니
전우의 끓어 오른 피 식을 수가 있으랴

나라 지킨 공로로 불러주는 전쟁 영웅
영광의 금메달을 마음으로 걸어 주니
돌아온 불멸의 영광 가신님께 올리리

(2021. 3. 19.)

마지막 임명장

입동이 가까워 오니 단풍이 절정이다. 단풍 나들이는 엄두도 못 내고, 집 근처의 근린공원만을 드나들며 답답한 나날을 보내기 일 년이다. 처음 겪는 역병이니 '코로나19'가 경자년이 다 가도록 지속될 줄이야 그 누군들 상상이나 했으랴. 그러니 올해는 보훈 가족들의 바깥나들이도 못하고 미루어 왔다.

반갑게도 '11월 5일 10시 30분 양재동 시민의 숲 입구'에 모인다는 문자가 날아들었다. '양재천 정화운동'을 한다지만 그것은 명분일 뿐이라고 생각했다. 서초구의 양재천변 정비는 모범적인 사례라고 자랑할 만하기 때문이다. 주변 환경을 훼손하지만 말고 숲길을 감상하며 걷는다면 노인들의 건강증진에는 더없이 적합한 곳이리라.

한 시간쯤 걸어서 천변의 둑에 설치한 만남의 장소로 이동했다. 바로 그 앞에 김 회장의 자택이 있지 않은가. 거동이 불편한 회장을 근처의 식당에서 뵈올 수 있었다. 회식에 앞서 회장님으로부터 직접 네 사람의 '운영위원 임명장'도 받을 수 있었다.

할 일이 없는 집콕 처사 신세가 된 나에게는 마지막으로 받는 사령장이 되리라 생각하니 감회마저 새롭다. 나는 전쟁터에서 총 한번 쏘아보지 못하고 참전유공자 대열에 무임승차를 한 셈이니, 늦게나마 역전의 전쟁영웅 선배들을 위해서 심부름이라도 착실하게 하라는 하늘의 뜻이 아닌가 싶다.

'귀하를 대한민국 6·25참전유공자회 서울시지부 서초구지회 운영위원으로 임명합니다.'라 했고, 지회장 김재권의 직인이 뚜렷한 임명장이다. 재직 시에 받은 임명장이야 여러 가지 많지만 모두가 지나간 추억 속의 흔적일 뿐, 또 하나의 새로운 경력이 2020년 11월 5일 자로 늘어났으니 이 얼마나 자랑스러운가.

고맙게 받아들인다. 노자가 가르치는 물의 덕목 여섯 개가 문득 떠오른다.

1) 바위도 뚫는 물방울의 끈기와 인내(忍耐)
2) 흐르고 흘러 바다를 이루는 대의(大義)
3) 어떤 그릇에나 담기는 융통성(融通性)
4) 구정물도 받아주는 포용력(包容力)
5) 막히면 돌아갈 줄 아는 지혜(智慧)
6) 낮은 곳을 찾아 흐르는 겸손(謙遜)이라 했다.

흐르는 물같이 겸허한 마음가짐으로 봉사하리라 다시 다짐해 본다.

하늘 높이 노닐다가 땅으로 내려오고
높은 산 깊은 골짝 몸 낮춰 흐르거니
만물을 이롭게 한 공 다툴 줄을 몰라라

오각의 누런색 배지 길이길이 빛날지어다.

(2022. 2. 7.)

겨울 나그네의 가을걷이

코로나 역병을 견뎌내느라 몇 달 동안 집밖 나들이를 못 하였거늘 세월은 속절없이 흘러가 가을이 깊어졌다. 인근 공원의 거목들이 붉게 물드나 했더니 윗가지로부터 한 잎 두 잎 떨어지고 있다. 새봄을 꿈꾸며 겨울에 대비하는 나무의 지혜이다. 바람에 날리는 가랑잎들을 볼 때마다 나도 '겨울 나그네' 신세이니 미리미리 갈 준비를 해야겠다는 생각을 하게 된다.

간소한 가족장

어제는 가까운 곳에 바람이라도 쏘이러 가자는 막내아들의 제안에 고맙다고 따라나섰다. 양지를 지나 이천시에 들어섰는데 얼마 안 가 도로를 벗어나자 바로 목적지에 들어섰다. 『EDEN PARADISE』란 책자를 보고 찾아왔다는데 기독교 재단이 운영하는 공원묘지(납골당)였다.

외국의 장례문화를 두루 살펴서 고안한 시설이니 철학과 신앙이 담긴 공원이고 쾌적한 치유의 쉼터가 아닌가. 아늑한 산골에 입구부터 오밀조밀 꾸며진 공원의 전경이 내 시선을 끈다. 묘지는 보이지도 않고, 온갖 편의시설을 모아놓은 리조트를 찾아온 느낌이다.

회원 각자가 구매한 봉안단이 삼면의 벽에 가득 설치되어 있다. 밝은색에 채광도 잘되는 공간이니 음울한 분위기는 전혀 느끼지 못한다. 봉안단 안에는 유골함과 사진이나 삶의 기록물까지 비치할 수 있으니 추억을 되살릴 수 있는 추모의 공간이다.

흙에 유골을 매장하는 자연장도 하거니와 흐르는 물에 녹아든 골분이 넓은 정원 곳곳으로 스며들게 마련한 유수식(流水式) 자연장도 있으니 독보적 시설이라 자랑할 만도 하다.

산기슭으로는 숙박시설이 있어 며칠이고 쉬어갈 수도 있으니 쾌적한 휴식처이기도 하다. 여름 성수기에는 마땅한 피서지를 찾아가기도 어려운데, 이 '에덴 낙원'으로 와서 쉬면 좋겠다. 내가 10년 만 이 시설을 활용할 수 있다면 즉시 회원권을 사고 싶은 충동마저 생기나 지금의 내 처지로는 자신이 없으니 어쩌랴.

내가 사후에 국군묘지에 묻히기를 포기한 지는 오래됐다. 그러나 화장을 할까 말까 망설여왔는데, 오늘에야 화장을 하기로 결심을 하게 됐다. 그리고 가업리 이씨 종중 묘역에 묻히기로 마음을 굳혔다.

종중 묘역의 표지 시비

몇 해 전 연라리의 종중 소유 산에 가업리 이씨 종중 묘역을 설치했다. 지형이 좋지 않아 몇 층의 계단을 만들었고, 층마다 여러 기의 묘를 안치할 수 있다. 종중에서 벌초를 비롯해 묘역 관리를 공동으로 하고, 관리의 편의를 도모하여 사각의 평분 묘로 하되, 사망 순서대로 위에서 아래로 안치하기로 정해 놓았다.

나의 아버지는 생전에 산을 사서 당신이 묻힐 가묘까지 마련하여 나에게 넘겨주셨다. 나는 그 산을 네 자녀에게 물려주긴 했지만 세월이 갈수록 묘역 관리가 쉽지 않을 뿐만 아니라, 그 산을 개발하여 부가가치를 높이는 것도 내 도리라는 생각이 들어 종중 묘역으로 이장을 하였다. 그러나 고인의 뜻이 일 대도 못 넘기고 망각된 꼴이 되었으니 한편 마음이 아팠다. 그래서 시비를 종중 묘역의 입구에 세워 묘역의 품격이라도 높이기로 했다.

임진년 윤삼월에 좋은 날짜 골라서

배산임수 찾아오니 선경인 양 흐뭇해
만대에 번영할 터는 이곳이 분명하네

종중이 뜻 모아 정성 들여 차린 터에
높은 당집 모셔놓고 차례를 드리오니
후손들 보살피시며 평안히 잠드소서

영락재의 꿈

나의 한평생을 한눈에 훑어볼 수 있게 내가 평생 써낸 저작물이나 기념품 등을 한자리에 모아 오래도록 보전했으면 하는 욕망은 해를 거듭할수록 절실해진다. 임시방편으로 여내울 농장 안에 송암관(松巖館) 간판을 걸어보았으나 여건상 그 양성화가 어렵다.

솔이 박힌 언덕엔 정자가 오뚝하고
바위에 터를 잡은 농막마저 서늘하니
솔과 돌 함께 어울려 천만년은 푸르리

가업리 종중의 모임에 갈 때마다 임시로 갖다 놓은 콘테이너 안에서 복작대는 것이 불편하기도 하고, 번듯한 사당 하나 갖추지 못한 우리들의 처지가 대외적으로는 부끄럽기도 했다. 다른 재산을 정리하여서라도 번듯한 사당을 마련하는 것이 후손들의 할 일이 아닌가 생각도 해본다. 사당을 신축한다면 그 뜻있는 공사에 나라도 흔쾌히 기여하고 싶은 심정이다.

새로운 사당의 꿈을 꾸며 영락재(永樂齋)란 이름부터 지어보았다. 사당을 종중에서 마련할 때까지는 나의 서고 이름으로 사용하고, 사당이 건립되면 일층에 영락재 현판을 달고 이층에는 송암관 현판을 걸었으면 얼마나 좋을까.

북성산 남녘 자락 여내울의 푸른 뜰
글방에 모여들고 숭조돈종(崇祖敦宗) 뜻 모으니
온 집안 웃음꽃 넘쳐 길이길이 빛나리

언젠가 내 기념관의 운을 떼어보니 자식들의 생각은 너무도 달라서 체념하고, 나 혼자 할 수 있는 방법으로 『해암문학관』을 발간했다. 마침 코로나19의 만연으로 모임이 모두 연기되는 바람에 아직까지 배부도 못하고 쌓아놓은 형편이 아닌가. 에덴 낙원에서 고인들의 사진이나 어록들이 영상화되어 누구나 쉽게 찾아볼 수 있는 시설을 보니 부럽기 이를 데 없었다. 송암관의 꿈이 되살아난다.

욕심을 버리라 하지만 마음을 비운다는 것이 나 같은 범부에게는 쉬운 일이 아니다. 내 삶의 발자취를 한눈에 돌아볼 수 있는 송암관이 마련되어 길이길이 보전되었으면 하는 것이 겨울 나그네의 소원이다.

공수래공수거(空手來空手去)라면 할 말은 없지만 아쉬움은 남는다. 내 삶의 가을걷이를 얼마나 알뜰하게 할 수 있을지 마음만 조급해 온다.

(2020. 11. 22.)

늙마의 대상

산수의 고개를 넘어서고 보니, 할 일도 없어지고, 오라는 데도 갈 곳도 없어지고, 친구들마저도 없어진다. 그러니 그 지루함과 외로움을 스스로 달래며 인생의 마무리를 해야 한다.

다행히도 나는 2년 전 우연한 기회에 내방역 가까이에 보훈회관과 아버지센터가 있다는 것을 알았다. 6·25참전유공자의 특전을 누리며 중국어, 경락, 영어, 요가를 열심히 배우고 있다. 어디 그뿐인가. 아버지센터에서 문인화 그리기에도 도전을 하여 금년에는 '대한민국서예문인화대전'에서 '삼체상'까지 수상했다. 또 '깊은 산속 옹달샘'에 가서 여러 가지 명상 체험까지 하고, 그 덕에 수필 4편과 시조 6수를 건져서 미수기념 수필집 『어느 곁에 팔팔이』에다 올리기도 했다.

금년에는 처음으로 아버지센터에서 송년회를 준비한다기에 무거운 다리를 끌고 4층 강당으로 찾아갔다. 각 프로그램별로 모든 회원이 모여 시연도 보여주며 소개를 한다. 팔단금(八段錦)의 수련도 흥미 있고, '행복한 아버지합창단'의 노래도 부러웠다. 그 동안의 노고에 칭찬과 격려를 하며 분야별로 시상을 할 때는 분위기가 한껏 달아올랐다.

문인화반의 경우에는 사회를 보던 이하림 센터장이 내 수필집을 펼쳐 들고 낭랑한 목소리로 「사군자의 꿈」을 군데군데 읽어 내려갔다.

방배동의 아버지센터에서 마련한 문인화 프로그램에 딸과 함께 등록을 했다. 오전육기의 기치를 올린 셈이다. 구암 선생님이 담당한 첫 시간의 열띤 분위기가 마음에 들었다.

유화나 수채화에서 구사하는 500가지 색채를 수묵화는 먹과 물만으로, 오로지 그 농담만으로 표현을 해야 하나 어렵고, 어려운 만큼이나 매력이 있으렷다. (중략)

선부터 긋기를 배워야 한다는데, 과연 꼬불꼬불 휘고 바로 뻗어가지를 않는다. 더 큰 문제는 단 10분도 서서 몸을 지탱하기가 어려우니 어찌하나. 앉아서 그리는 나 나름의 화법을 창안이라도 하는 수밖에 도리가 없겠다. '겨울 나그네'는 체력의 한계를 절감한다.

욕심을 버려야 하겠다. 우선은 눈으로 그리기를 하자. 안고수비(眼高手卑)라 했다. 안목부터 높여야 손이 따라가는 법, 난의 감상법부터 익히기에 만족하리라. …

이렇게 멋진 글을 쓰신 팔 학년의 주인공이 이 자리에 나오셨다며, '베스트 후기상' 하더니 "이범찬"을 부른다. 도리 없이 더듬거리며 단상으로 올라갔다.

"축하합니다. 위 사람은 본 센터의 사군자 수묵화 강좌 '세상을 화폭에'의 참여자로, 여든이 넘은 나이에 수묵화를 배우며 느낀 점을 멋지게 글로 남겨 주셔서 모두의 귀감이 되었기에 이 상을 드립니다. 앞으로도 건강하게 활발한 작품 활동하시기를 기대하며 응원합니다."

센터장의 상장문 대독이 끝나자, 고도원 님으로부터 상장과 상품을 받아들고 함께 사진까지 찍었다.

"늙마에 이 큰 상을 받는 영광을 수묵화 그리기를 잘 지도해주신 구암 황영배 선생님께 돌리고 그 기쁨을 함께 나누겠습니다."

하니 우레와 같은 박수가 쏟아져 나왔다. 새해 경자년에는 더 열심히 활동하라는 격려의 채찍으로 알고 다시 한번 심각한 고민을 해보겠다며 끝을 맺으니 또다시 뜨거운 박수가 터졌다.

마무리 말은 잘 맺었으나, 단상에서 내려와 생각해 보니 내년 일이 걱정이 된다. 이를 어쩐담…. (2019. 12. 7.)

받침 하나 때문에

몇 해 전에 다녀온 남한산성이다. 단풍이 황홀한 꼬부랑길을 수없이 뱅글뱅글 돌아 올라간다. 전번에는 대형버스라고 통행이 금지되어 광주 쪽으로 돌아서 올라갔다. 그러나 이번에는 승용차로 성남 쪽에서 올라가니 편하고도 스릴마저 맛본다. 급경사의 작은 골짝들이 연속되니 만물상 올라가는 금강산 길보다도 마음을 졸이게 한다.

이제는 건강에 자신이 없어져서 몇 달을 못 참고, 미수 기념 수필집 『어느 결에 팔팔이』의 출간을 앞당겼다. 책을 받아 꼼꼼히 독파한 어느 수필가가 고마운 사연을 보내왔다. 하필이면 내가 올린 수필 '남한산성행궁을 돌아보며'의 핵심 키워드인 옥호가 틀렸다 하지 않는가. 지적을 해줘 고맙기는 하나 당혹스럽다. 얼마나 정성을 쏟아 마련한 책인데…. 내가 불의에 상처라도 입은 듯 속이 상한다. 그 많은 음식점들 중에 비슷한 옥호야 얼마

듣지 있을 수 있을 터인데…. 다시 가서 내 눈으로 확인하지 않고는 마음이 편할 수가 없다.

남한산성 밑자락에 자리 잡은 가천대학의 서 학장이 떠오른다. 벌써 내 제자들도 거의 다 정년퇴직을 하고 만만한 현역교수는 몇 사람 안 남았다.

"내가 남한산성 골짝에 있는 불당리를 꼭 가야할 일이 생겼는데, 지팡이 신세를 지는 처지에 어쩌나. 서 학장은 그곳 지리에 밝을 것이고, 지난번 동보성 오찬모임에도 못 와서 책과 부채 선물도 못 주었으니 겸사겸사 만나지…."

"네, 교수님. 걱정 마세요. 제가 댁으로 모시러 가겠습니다."

약속이 되어 남한산성을 올라가니 대학원의 자기 제자들까지 대기하고 있지 않은가. 즐겁고 의미 있는 점심시간을 함께 즐겼다. 삼십여 년 전의 내 모습까지 떠올라 감회도 새로웠다.

점심을 마치자 '낙성재'를 찾아 나섰다. 불당리에 '낙성재'란 음식점은 없다지 않은가. 물어물어 낯익은 주차장에 내려보니, 아뿔싸! '낙선재 주차장'이란 표지판이 서 있지 않은가. 기왕 찾아왔으니 안으로 찾아들었다. 빼곡히 들어선 한옥들, 줄지어 늘어선 장독들, 새로 지은 해우소와 그 위층의 망루며 회식을 했던 별당이 붉은 단풍으로 새 단장이라도 한 듯 정겹고 아름답기 그지없다.

불당리 붉은 단풍 산골짝을 뒤덮으니
정겨운 낙선재 뜰 황홀하기 그지없고
줄지은 오지 장독들 잊을 길이 없어라

'낙선재'의 받침 하나 ㄴ이 바뀌고 말았다. 내가 메모를 할 때 오기를 했을까? 원고를 쓸 때 오독을 했거나 오타를 쳤나? 아무튼 교정을 세 번이나 보았어도 발견이 안 되었으니…. 세상살이 다 그런 것이겠지만, 받침 하나의 오류가 엄청난 결과와 사연을 추억의 바닷속에 남기고 말았다.

(2020. 12. 16.)

수필을 찍어 낸다면

세상이 너무 빨리 변한다. 따라가기가 버겁다. 핸드폰 하나만 손에 들면 만사가 해결되는 판이니…. 그러니 이 편한 문명의 이기를 능숙하게 쓰지 못한다면 살아가는데 뒤처질 수밖에 없다.

교직에 있을 때는 입으로 지시만 하면 척척 해결이 되었으니 컴퓨터를 몰라도 불편을 몰랐는데, 정년퇴직을 하고 나니 도리가 없었다. "에이, 학장님도…. 조교에게 시키지 뭘 배운다고 하세요." 하며 만류했던 후배 교수를 원망하며 그 마법의 기기를 배우느라 고생하던 생각이 떠오른다.

80까지 움직이다 88에 죽으면 여한이 없겠노라 학생들 앞에서 공언을 했는데 그 미수가 코앞에 다가왔다. 9988의 욕심이 슬그머니 기어 나온다. 해서 오늘도 핸드폰을 배우러 무거운 다리를 끌고 'S 디지털 프라자'를 다녀왔다.

오늘 아침 신문을 보니, AI(인공지능)가 발달해서 일기예보처럼 내일의 주가를 미리 보게 될 것이란다. 그 기사가 아날로그 늙은이를 또 한 번 놀라고 실망하게 한다. 큰 나라들은 달 착륙도 모자라 우주정복을 한다고 경쟁을 하며, 한편으로는 AI란 놈을 활용해 질병의 진단과 처방까지 하고, 로버트를 만들어 온갖 궂은일과 위험한 일까지 맡겨서 생활혁명이 벌어지고 있지 않은가.

삼사 년 전에 '알파고'란 바둑 프로그램이 개발되어 세계를 제패한 바둑왕과 싸워 이기고 지고 한 일이 있었다. AI란 놈이 그렇게도 영악하다면 잘 쓴 수필들을 모아주고, 그 데이터를 분석해서 주제에 맞는 명수필을 써내라고 주문할 수는 없을까 하는 엉뚱한 생각도 해본다. 그러면 나도 원고청탁을 받고 며칠을 몸부림치지 않아도 될 텐데….

아니다. 내가 당장은 좋을지 모르지만 기라성 같은 우리나라 문인들의 처지는 어찌 될까, 걱정 아닌 걱정이 앞선다. AI가 진화를 거듭한다 한들 감성의 세계까지 넘볼 수는 없을 것이고, 나 자신도 허용할 리 없지 않은가. 객관적인 데이터를 처리하는 연산기능이 아무리 고도화하더라도 사람의 가슴속에서 일어나는 감성의 분위기와 머릿속에서 창안해내는 상상의 영역까지 범접할 수는 없을 것이다. 내 영혼의 정체성이 부정되는 꼴이니 말이다.

나는 초 첨단기술로도 모방하거나 따라올 수 없는 아날로그

수필가이노라. 그래도 AI, 네놈에게 질세라 마음을 다시 가다듬고 신발 끈을 조여 주마.

(2021. 5. 17.)

화려한 꽃동산

– 오석순 고희전을 되돌아보며

올해같이 힘겹고 원망스러운 해가 있었을까. 봄꽃은 피었어도 잔인한 사월은 코로나 열병으로 신록의 싱그러움마저 날려버렸다. 폭염이 덮쳐 와도 '집콕' 신세는 면할 길이 없다. 하필이면 유정 작가는 6월에 고희전을 열어야 했으니 안쓰럽기마저 했다.

손님을 초청해서 축하를 받고 덕담을 나누며 함께 즐기는 잔치도 못 열게 되었으니 본인의 심정은 어떠했을까. 초대장을 받고, 나는 축하 화분 대신 축시를 지어 부채에다 서투른 글씨로 옮겨 작품화해 드리기로 했다.

경자년 신록 맞아 일궈낸 서화 잔치
한 획 한 획 몸담아 쌓아 올린 사반세기
그 열정 날로 들끓어 더 큰 잔치 차리리

재치와 열정으로 익혀온 오체 글씨
고운 마음 매운 솜씨 선비화 곁들이니
꽃동산 하도 황홀해 내 마음도 달뜨네

인사동의 한국미술관 2층에 발을 들여놓는 순간 깜짝 놀랐다. 그 넓은 전시장의 벽면을 가득 채운 작품들에 입이 벌어진다. 능숙한 오체의 서예작품에 화려한 그림 솜씨로 마음껏 멋을 부리지 않았는가.

고맙게도 내 시조집에 실린 「유송 오덕가」를 예술적으로 작품화했다. 내가 소원하는 海巖文學館이 지어진다면 제일 좋은 자리에 걸어놓고 싶은 욕심이 생긴다. 이 작품과 함께 대련으로 걸려 있는 작품, '一切唯心造, 家和萬事成'을 골라 내가 들여오기로 미리 찍어놓았다.

애써 만든 작품을 내가 가져와 보관하자니 한편 미안한 생각도 들었었는데, 오늘 그 걱정이 해소되어 마음이 편해졌다.

카카오톡을 열어보니 오래간만에 반가운 소식이 떴다. "안녕하시죠? 심심하실 때 한 번 보세요. 유정 올림" 하는 사연과 함께 유튜브 동영상(https://youtube/QwbSOb-514U)을 보내주었다. 열어보니 놀랍다.

그날의 전시장을 구석구석 한눈에 보여주지 않는가. 작품들은 말할 것도 없고, 일주일 동안 찾아준 친지들의 모습까지 돌아가니 내가 방문했던 그날의 광경보다 훨씬 풍성하고 실감난다. 나 같은 아날로그 세대의 머리로는 상상도 못했던 장면을 다시 생생하게 보여주다니…. 역시 유정답다.

즉석에서 회답을 보냈다. "잘 보았습니다. 멋져요. 그런 방법도 있군요. ㅎㅎㅎ 이범찬 드림."

(2020. 7. 19.)

풍성한 잔치

– 여향산악회 고희연 축사

고향의 후배님들 반갑습니다. 올해 경자년에 고희를 맞는 신묘년생 다섯 분에게 먼저 축하의 인사를 드립니다. 그리고 코로나19로 어려움이 많은 이때 서울 한복판의 팔래스호텔 로얄볼룸에서 풍성한 고희연을 차리고 끈끈한 정을 다지며 축복을 함께 나누는 회원 여러분들의 마음씨에 아낌없는 칭송과 격려의 찬사를 보내는 바입니다.

인생 칠십 고래희라 했는데 아무리 세월이 좋아졌다 하지만 칠십의 고개를 넘는다는 것은 큰 축복이 아닐 수 없습니다.

저는 칠십이 되자 고희잔치는 꿈도 못 꾸는 처지에서 나 홀로 할 수 있는 기념행사로 백두산 등정에 따라나섰던 기억이 떠오릅니다. 그리고 열심히 달려오다 보니 미수의 마루턱에 올라왔습니다. 나 홀로 할 수 있는 미수 잔치를 궁리하던 끝에 『어느 결에 팔팔이』라는 수필집을 만들어 함께 나눠보기로 했습니다.

여러분들에게 제일 먼저 배부해 드리는 그 책이 저의 미수기념 선물이오니 함께 기쁨을 나눠주시면 고맙겠습니다.

우리는 평화로운 여강의 정서를 공유하며 산행을 즐기는 선후배들입니다. 앞으로도 정겨운 고향의 봄을 가슴에 품고 건강에 유의하며 아름다운 전통을 계승 발전하기를 기원하면서, 축시 한 수를 읊어 축하의 꽃다발에 대신하겠습니다.

여강(驪江)의 정기 받고 정을 나눈 여향 모임
칠십 고개 올랐거니 활기찬 신묘생들
선후배 축하받으며 백수 복락 누리리

감사합니다.

(2020. 6. 8.)

5

길손의 외침

흐르는 물같이

그 누가 춘래불사춘(春來不似春)이라 했던가. 잔인한 사월이었다. 화사한 봄꽃은 만발했건만 '집콕' 신세가 되어 답답한 나날을 보내야 했으니, 그 누구도 처음 겪는 시련을 감내하기가 힘겨웠다. 예측을 할 수 없는 코로나19의 재난 속에서 나라의 운명이 걸려 있는 4·15 선거까지 치러야 했다. 막말과 실언 속에 희비가 엇갈리는 투표 결과를 보면서, 6·25 전화 속에서 나라를 지키고 기적 같은 오늘의 풍요를 일궈낸 70년간의 근대사를 되돌아보자니 문뜩 상선약수(上善若水) 네 글자가 떠오른다.

고대 중국의 위대한 철학자 노자의 도덕경에서 나오는 말이다. 최상의 선은 물과 같다고 했다. 본래 도덕경은 제왕학으로 출발하여 통치의 요결(要訣)을 제시한 것이니, 오늘의 위정자들은 물론 귀담아 들어야 할 것이고, 우리 모두가 그 제안을 겸허히 되새겨보아야 할 것이다.

노자는 물의 덕목으로, 바위도 뚫는 물방울의 끈기와 인내(忍耐), 흐르고 흘러 바다를 이루는 대의(大義), 어떤 그릇에나 담기는 융통성(融通性), 구정물도 받아주는 포용력(包容力), 막히면 돌아갈 줄 아는 지혜(智慧), 낮은 곳을 찾아 흐르는 겸손(謙遜) 여섯 개를 들었다.

나도 해암의 「유수육덕가(流水六德歌)」를 지어본다.

1곡 서곡
온갖 잡것 고루 품고 구정물 걸러내어
산 것에 생기 주고 거친돌 다듬으며
낮은 곳 찾아 흐르니 큰 물골 이루누나

2곡 인내(忍耐)
가녀린 모습으로 몸 던지는 물방울
말 잃고 힘들어도 바위를 뚫는구나
참으며 멈춤 없으니 못할 바가 없어라

3곡 대의(大義)
방울방울 모인 물 골짝으로 흘러들고
물줄기 가늘어도 뭉치고 모아놓아
깊은 뜻 변함이 없어 큰 바다 이루누나

4곡 융통성(融通性)

고여서 넘쳐나도 그 마음 부드러워
네모진 상자이건 둥그런 항아리든
어디고 내 집 같으니 머물 곳 걱정 없네

5곡 포용력(包容力)

옹달샘 맑은 물도 가는 길은 험난하니
흙탕물을 만나도 꺼림 없이 섞어가며
온갖 것 고루 품어서 분별할 줄 몰라라

6곡 지혜(智慧)

벽 만나면 넘치고 막는 바위 멀리 돌며
틈새 찾아 빠져가니 겨룸 없이 흐르지
힘으로 막으려 해도 피해가는 그 슬기

7곡 겸손(謙遜)

하늘 높이 노닐다가 땅으로 내려오고
높은 산 깊은 골짝 몸 낮춰 흐르거니
만물을 이롭게 한 공 다툴 줄을 몰라라

여섯 개의 덕목에서 어느 것 하나 소홀히 할 수 있을까마는,

그래도 겸손이란 덕목이 더 마음에 와닿는다.

물은 오만할 줄 모르고 항상 몸을 낮춰 험로라도 낮은 곳으로 흘러간다. 뿐만 아니라 세상의 모든 생물에게 생기를 주고 이롭게 하지만 결코 그 공을 가지고 다투지를 않는다. 수선리만물이불쟁(水善利萬物而不爭)이라 했다.

흐르는 물같이 살라 했으니 마음은 옳다고 쉽게 받아들이나 몸이 그것을 실행하기는 참으로 어렵지 않은가. 내가 숨차게 달려온 굴곡의 길을 회상해 보면 참으로 부끄럽기 이를 데 없다. 나는 겸손하지 못하고 남의 불손은 탓하려 드니 참으로 허약한 존재로다. 흐르는 물같이 살아가려고 하련만.

(2020. 7. 9.)

원숭이 목각

나의 책상 위에는 조그만 원숭이 목각이 자리를 차지하고 있다. 내가 아끼는 마스코트요, 어떤 의미에서는 엄격한 스승인 셈이다. 10여 년 전 일본의 와세다대학에서 학술발표회를 마치고 다음 날 닛꼬(日光) 관광을 하다가 사온 기념품이다.

닛꼬에 가면 도꾸가와 이에야스(德川家康) 장군을 모시는 진자(神社), 닛꼬도오쇼구우(日光東照宮)를 들르게 된다. 그곳 건물에 장식한 원숭이들 조각이 유명하다. 출생에서 임신까지의 원숭이 일생을 여덟 개 장면으로 나누어 인간의 삶을 풍자한 것이다. 특히 그 둘째 것이 인기가 있는데, '안 보기, 안 듣기, 말 안하기(見ざる, 聞かざる, 言わざる)' 세 원숭이 조각(三猿の彫刻)이다. 자세히 보면 세 놈의 포즈가 각각 다르다. 한 놈은 두 손으로 눈을 가리고 있고, 가운데 놈은 두 손으로 귀를 가리고 있고, 또 한 놈은 두 손을 겹쳐 입을 덮고 있다.

일본말로 사루(猿, さる)는 원숭이인데, 사루를 탁음으로 ざる하면 '안 한다'는 부정의 뜻이 된다. 그러므로 三猿은 세 가지 기피해야 할 3불(不) 덕목의 은유적 표현이요, 그 세 가지 내용을 시각적으로 표현하자면 눈, 귀, 코를 가리게 되는 것이다. 절묘하게도 추상적인 3불 교훈이 원숭이를 통해서 구체적으로 형상화된 셈이니, 보는 이의 마음속에 조용히 삶의 지혜를 각인해 준다.

약삭빠른 일본인의 상혼이 이 세 원숭이를 상품화하지 않을 리가 없다. 기념품 상점엘 들어가니 원목을 정교하게 깎아 만든 원숭이 목각이 눈에 들어왔다. 세쌍둥이가 쪼그리고 나란히 앉은 것을 한데 붙여 깎았는데, 크기라야 어린애 주먹만도 못 하다. 우리네 속담에도 시집살이의 어려움을 귀머거리 3년, 벙어리 3년, 소경 3년이라 하지 않았든가. 일본 사람들도 비슷한 생각을 하여, 조각으로 형상화했다는 것이 흥미로웠다.

대학을 다니는 딸이 졸업을 하고 시집을 가게 되면 장황하게 당부를 하는 대신 이 목각을 주면 좋겠다는 생각에서 골랐다. 그런데 졸업한 지 10년을 훨씬 넘어도 시집을 못 가니 원숭이들도 제구실을 못하고 서랍 속에 처박혀 잠자고 있었던 것이다.

얼마쯤 전에 책상을 정리하다 그 목각을 찾아냈다. 이놈들이 시집가는 딸을 위한 것이 아니라 나 자신을 위한 것이 될 줄이야 어찌 상상인들 했겠는가. 딸의 화장대 위에 올라앉아 매서운 시집살이를 달래주는 시집도우미가 되지 않고, 내 책상 구석에서 주인의 흐트러지는 마음의 중심을 잡아주는 항심(恒心)지킴이가 되었으니 말이다.

우리 어머니 세대의 시집살이는 힘든 인고의 삶이었다. 일단 결혼을 하면 시댁을 벗어나서는 살 수도 없고, 갈 곳도 없으며, 출가외인이라 죽어도 시집 귀신이 되어야 하는 것이 한국 여인의 숙명이었다. 그러니 다소곳이 시댁의 분위기에 순응하는 것이 상책이요 미덕이렷다. 그러나 요새는 천지가 개벽을 한 셈이다.

남녀평등을 헌법이 보장한다 하여 허울만 남은 호주 제도까지 없어지고, 가정의 경제권도 여자에게 넘어가고 남자는 돈벌이하는 머슴으로 전락해 가는 것이 오늘의 세태가 아닌가. 이혼도 거침없이 하고, 바야흐로 여성 상위시대가 도래하고 있지 않은가. 이 판에 원숭이 목각을 전해준들 무슨 효험이 있을까. '고루한 아버지' 소리나 듣기 십상이렷다.

'귀머거리 3년'이란 시집온 새색시가 거북한 것 들어도 못 들은 척하고, 민감한 사안에 따라서는 한 귀로 듣고 한 귀로 흘릴 것이지 함부로 말전주라도 해서는 안 될 것이며, 억울하게 꾸중을 들어도 참고 새기라는 소극적인 뜻이었으리라. 그러한 생활 자세가 귀를 막은 원숭이의 모습 바로 그것이 아닌가. 그러나 이놈은 요새 와서 대담해졌다. 하루가 다르게 말을 바꾸는 놈들이나, 히죽히죽 웃어대며 알쏭달쏭한 말을 내뱉는 놈의 말일랑 아예 듣지를 말고, 소리 없는 다수의 말을 들을 줄 알라는 강력한 메시지를 보내지 않는가.

'벙어리 3년'이란 암탉이 울면 집안이 망하는 법이니 항상 말 조심하되 함부로 나서서 자기 주장하지 말고 남편이나 가장의 뜻에 순종하라는 뜻이었으리라. 그러나 입을 덮은 이놈의 표정을 보노라면, 진실이 아닌 거짓말은 입 밖에 내지를 말며, 말은 은이요, 침묵은 금이라고도 했으니 말만 앞세우지 말고 언행을 일치시킬 것이며, 불의를 목격한 지성인이라면 비판의 입을 열라는 역설적인 메시지로 들리기도 한다. 민주화를 주창하고 인권을 외치면서 왜 김정일의 인권탄압이나 폭정에 대해서는 침묵하느냐고 질책을 하는 것 같기도 하다.

'소경 3년'이란 눈에 거슬리는 것이라도 장님같이 못 본 척 덮어둘 것이며, 본대로 발설하여 분란을 일으키지 말라는 당부였으리라. 하기는 요새 공중매체를 보면 눈을 뜨고 보아줄 수 없는 장면이 너무도 많이 뜬다. TV 화면을 보다가도 눈물을 짜내거나 폭력이 난무하는 장면이 나오면 나는 채널을 돌리고 만다. 더 보아 줄 수 없는 것은 편향된 보도나 억지 주장을 늘어놓는 것이다. 일그러진 시각의 발현도 보고 듣기가 역겹다. 원숭이의 두 눈을 가린 참뜻은 보지 말라는 것이 아니리라.

전쟁터를 방불케 하는 불법시위를 보았거든, 막는 척하지만 말고 법대로 엄격히 처리하여 법의 권위를 세우고 사회의 질서를 확립하라는 준엄한 메시지가 아닌지 모르겠다.

요새 와서 나는 말 없는 원숭이들의 표정에 눈이 갈 때마다 친근감을 느끼니 애완동물이 이런 것인가 보다. 내 마음을 달래 주고 삶의 지혜를 암시해 주는, 그래서 이제는 누구에게도 떠나보낼 수 없는 내 마스코트가 된 세쌍둥이 목각이여.

목각의 작가는 세 놈의 몸통을 바짝 붙여서 한 덩어리로 깎아 버렸으니 그 이유는 무엇일까? 짓궂은 작가의 심술 탓일까? 입과 귀와 눈의 기능이 일체가 되어 적절히 작동되고 제어되어야지, 어느 것 하나라도 보조를 맞추지 않으면 낭패라는 뜻일지도 모른다.

붙어버린 세쌍둥이의 모습을 하나로 압축해 본다. 그것은 바로 참선에 몰입하는 노승의 자세가 아닌가. 범람하는 정보나 정신 못 차리게 돌아가는 세상사에만 매달리다 보면 집중력이나 사고력을 잃게 마련이다. 그래서 바깥세상으로 통하는 눈, 귀, 입을 막고, 심안(心眼)을 통해서 자신의 내면세계를 성찰하라는 것이 삼색 원숭이가 풍자하는 참뜻이렷다.

그러니 들며 나며 웅크리고 붙어 앉아 있는 세 놈을 보노라면 내 처지를 생각하게 된다. 이 나이를 먹도록 한번이나 내 마음속 깊은 곳을 들여다본 적이 있었던가. 비로소 나의 자화상을 그려보게 된다. 하잘것없는 이 목각이 이제는 딸 아닌 나를 보살펴주는 지킴이가 된 셈이다. 때로는 엄격한 스승으로 통렬한 깨우침을 주기도 하고.

내가 추구해야 할 구원의 자화상이 원숭이 목각에 오롯이 담겨 있구나.

(2006. 12.)

해보았어

나는 재수생이었다. 낙방의 쓴맛도 보았고 성취의 기쁨도 맛보았다. 1년이란 시간을 허비한 셈이지만, 하면 된다는 나 나름의 철학을 일찍이 체득했다.

서울농대에 가라는 담임 선생님의 권유를 뿌리치고 서울법대를 지망하는 무모한 도전을 했다. 결과는 뻔했다. 시골의 신설 농업중학교 제2회 신입생으로 입학했으니 수업이 제대로 될 리가 없다. 교과목도 농업 과목이 대부분이며, 실습지에서 농작물 가꾸기에 땀을 흘렸다. 국, 영, 수 과목은 별로 배운 것이 없다. 독일어는 시간표에도 없었다.

농대 진학을 포기한 것은 6·25사변 탓이기도 했다. 중학교 5학년 때였다. 중공군의 개입으로 다시 밀리게 되자 18세 이상의 장정은 모두 제2국민병으로 징집을 당했다. 12월의 추운 날씨에 여주에서 경산까지 걸어갔다. 그곳에서 방위장교 모집에 응모해

3개월의 단기사관훈련을 받을 때다. 훈련기간 중에도 경리장교, 공병장교, 정훈장교 등으로 뽑혀 가는데 농업학교 출신은 찾지를 않는다. 이때의 좌절감이라니. 내가 대학에 진학할 때는 절대로 농과를 택하지 않으리라 결심을 했다. 군대란 특수사회와 다양한 일반사회를 동일시하는 오류를 범했던 것이다.

해가 바뀌자 국민방위군이 해체되는 사태가 벌어진다. 방위소위가 되어 집으로 돌아와 다시 학교로 갔다. 학제가 변경되어 여주농업고등학교 제1회 졸업생으로 교문을 나섰다. 법대 수험과목 중 수학과 독일어를 백지로 내고 합격할 리가 없다. 각오한 결과다. 스스로 고집한 쓴잔이다.

현역징집을 연기하려고 서울농대 부설 중등교사양성소에 입학을 했다. 교과목도 농업 과목에 농장실습이니 입학시험에는 도움이 안 됐다. 방과 후와 방학을 이용해 수학과 독일어 준비에 전력을 기울였다.

정신일도하사불성(精神一到何事不成)이라 했던가. 막다른 골목에 죽기 살기로 덤비니 그 어렵던 수학도 이해가 된다. 전쟁 때였으니 책도 별로 없고, 입시학원도 없다. 해설 참고서 한 권에 매달려 미적분을 배웠다. 독일어도 장하구의 교재 1, 2권을 참고서와 사전에 의지해 독파를 했다. 지금 되돌아보아도 참으로 기가 찬 일이다. 그렇게 능률이 오를 수가 있다니.

드디어 결전의 날이다. 수학에서 미적분 응용문제를 풀었다. 독일어도 번역 문제를 잘 처리했다. Bibel이 영어의 성경(bible)이겠거니 추측했다. 성경이 나왔기에 주어를 목사로 번역하니 문장을 적당히 엮어낼 수 있었다. 운칠기삼(運七技三)의 행운이다.

하늘은 스스로 돕는 자를 돕는다고 했다. 뜻이 있는 곳에 길이 있다고도 했던가. 심상사성(心想事成)이란 말이 헛말은 아니다. "해봤어?" 했다는 정주영 회장의 일화가 떠오른다. 나는 해보았다.

(2016. 6.)

7관왕의 꿈

올해도 식전에 참석해 달라는 초청장을 보내왔다. 멀리서나마 오늘 원종린수필문학상을 받는 수상자 여러분에게 마음의 꽃다발을 보내고, 문학상 운영을 위해 애쓰시는 위원회 여러분의 노고에 대해서도 위로와 감사의 뜻을 올리고 싶다.

나는 4년 전에 작품상을 받았지만 그 후 한 번도 시상식에 참석을 못했다. 부끄럽고 죄송스럽기 이를 데 없다. 더 늦기 전에 내려가 사과라도 하리라 생각했지만, 버스를 몇 번씩 갈아타고 지팡이 짚고 뒤뚱거리며 찾아 가려니 아무리 생각해도 무리다 싶어 또 포기하고 말았다.

돌아가신 원종린 선생님은 나의 영원한 롤 모델이다. '수필문학사' 행사 때마다 올라오셔서 구수한 덕담을 해주시던 그 모습이 지금도 눈에 선하다.

나는 2005년에 등단한 늦깎이 수필가다. 등단한 그달에 시드니에서 열린 문학행사에 따라나섰다. 시드니수필문학회 문우들 앞에서, '최근'의 등단 작가요, '최단기' 천료(2회)에 '최고령(73세)'의 신인이란 뜻에서 "저는 3관왕의 수필가입니다."라고 자기소개를 했다.

원종린 선생님은 그 이야기가 실린 내 수필집 『늙마의 외도』를 읽고 문학성 짙은 좋은 작품이라고 칭찬하시며 '4관왕의 수필가'로 추대한다는 글까지 보내주셨다. 그런데 뜻밖에도 그 『늙마의 외도』로 원종린수필문학상(제8회 작품상)을 받았으니 5관왕이 된 셈인데, 금년 6월에는 『어차피 가는 길을』로 월산문학상(제6회)을 받았다. 드디어 6관왕의 수필가로 등극하였노라 원종린 선생님의 영전에 자랑도 하며 삼가 감사의 뜻을 올린다.

부디 오늘 수상하는 여러분이 초심을 잃지 말고 더욱 분발하여 수필문학의 발전에 밑거름이 되어 주기를 바라는 마음 간절하다. 나는 10년 후에는 본상을 받을 자격이 구비되니 7관왕의 수필가가 되는 꿈이라도 꾸어볼까.

일본의 시바다 도요 할머니는 92세에 시 쓰기를 시작하여 98세에 처녀작 시집 『약해지지 마』(구지께나이데)를 출간했다. 그 해에 100만 부를 돌파하자 일본 열도가 발칵 뒤집히기도 했다. 나는 그 할머니보다 20년이나 일찍 글쓰기를 시작했고, 오늘의 수

상자들은 수십 년이나 앞섰을 것이니 기죽지 말고 분발하자고 외쳐보고 싶다. 원종린 선생님의 치열한 문학정신을 본받아 마음을 가다듬고 신발 끈을 다시 조이기로 다짐하자고.

(2016. 10.)

뒤늦은 깨우침

나는 어려서는 멀리 바다를 찾아가 해수욕하기를 제일 좋아했다. 그러다 성년이 되면서 산 맛을 알아 높은 산들을 정복한다고 많이도 돌아다닌 셈이다. 장년이 되면서 산은 정복의 대상이 아니니 칠부 능선으로 만족하자고 스스로 타일렀다. 노년기에 접어들면서는 무엇보다도 체력의 한계를 절감하게 되니 숲이 울창한 야산을 즐겨 찾았다.

성실한 농부였던 부모덕에 수천 평의 야산까지도 물려받았으니 나는 행운아였다. 그러나 이제 와서 돌이켜 보면 10년만 더 일찍 자연의 참 의미를 깨우치고 나무를 사랑하는 방법을 익혔더라면… 하고 만시지탄을 하게 되니, 어찌하랴.

내 아버지는 일찍이 야산의 잡목들을 벌채하고 상수리나무를 가득 심어 40년 동안 잘 길러서 내게 넘겨주셨다. 울창한 숲을 이뤘거늘 그것을 개발하여 효용가치를 높여보겠다고, 장남과 협의하여 밭으로 개간하고 표고농장을 만들었으니…. 그것도 시험삼아 반만 벌릴 것을 욕심이 앞서 한 번에 벌목을 다 하여 민둥산을 만들었으니… .

숲이 우거지지 않은 산은 황야가 아닌가. 산은 이익을 창출하는 개발의 대상이 아니다. 나무를 베어내지 말고 사랑으로 잘 가꿔서 사람이 편히 살 수 있는 쾌적한 환경을 일궈내야 우리가 축복을 받는다.

경자년은 온 세계가 코로나19를 만나 아우성인데, 설상가상으로 폭염까지 덮치니 늙마에 겪는 시련치고는 너무 가혹한 것 같다. 멀리는 움직일 체력도 못되고, '집콕처사' 신세가 되어 집 밖을 들락날락하자니 말이다.

고향의 참나무 숲을 반만이라도 남겨서 잘 가꿨더라만 지금쯤 그 그늘 속에서 태평성대를 누리고 있을 터인데…. 속절없이 10년 전에 지었던 졸시 「숲의 소리」나 읊어보며 탄식을 한다.

떼죽나무 잔가지엔 초롱불이 하얗고
돌밭 길 굽이마다 풋내가 물들어서
산사의 향불보다도 짙은 내음 뿜누나

가슴을 헤집는 새벽 새들 지저귐도
바위틈 뚫어내는 골짝의 깊은 소리
바람도 풀잎을 깨워 잠든 산 일으키네

(2020. 6. 26.)

매미 육덕가

오락가락하던 겨울비가 그치고 나니 기온이 확 내려갔다. 젊었을 때 같지 않아 조금만 추워도 몸이 움츠러들고 문밖 출입하기조차 싫어진다. 내 마음이 간사한 탓일까, 그 무덥던 여름날이 생각나니 시끄럽게 울어 젖히던 매미소리마저 그리워지기도 한다. 매미를 떠올리다 보면 어린 날의 일들이 되살아나 마음껏 추억의 나래를 펼쳐본다.

나는 초등학교를 다닐 때 시골에서 십리 길을 뛰어다녔다. 학교에서 돌아오는 길에 매미 소리를 들으면 맨발로 살금살금 가까이 가서 손바닥으로 덮쳐 성공하면 얼마나 신이 났던가. 밀짚으로 엮은 여치 장에 가둬 놓고 울 때를 기다리며 괴롭히기도 했었다.

매미는 몸통이 크지만 작은 다른 곤충들보다 무섭지도 않고,

오히려 예쁘기도 했으니 어린 날의 친구요, 노리개이기도 했나 보다. 문헌을 보더라도 매미는 어린이만 좋아한 것이 아니라 어른들도 예찬을 하고 있지 않은가.

중국 진(晉)나라 시인 육운(陸雲)은 자신이 쓴 육사룡집(陸士龍集)에서 매미의 5덕으로 문(文), 청(淸), 염(廉), 검(儉), 신(信)을 들었다고 한다.

문(文)- 곧게 뻗은 긴 입은 선비의 갓끈과 같다고 하여 학문이 있고 / 청(淸)- 이슬과 수액만 빨아 먹어 맑음이 있고 / 염(廉)- 사람이 가꿔놓은 곡식이나 과실, 채소를 해치지 않으니 염치가 있고 / 검(儉)- 둥지조차 짓지 않으니 검소하고 / 신(信)- 초여름 자기가 올 계절에 오고 겨울이 오기 전 가야 할 때를 안다고 하여 신의가 있다고 했다.

나는 매미의 일생을 더듬어보면서 '열애'를 하나 덧붙여 매미 「육덕가」를 지어본다.

1곡 문사(文士)
검고 가는 주둥이 문사의 갓끈 같고
맑은 날개 아름다워 익선관* 본떴거니
그 모습 하도 멋있어 선비 대접 받는다

2곡 청아(淸雅)

상한 고기 흙탕물에 사방이 더러워도
맑은 수액 찬 이슬로 온몸을 채워주니
숲속에 울리는 소리 해맑기 그지없네

3곡 염치(廉恥)

오곡백과 푸성귀들 들판에 가득해도
마음 비워 욕심 없고 넘볼 뜻도 없거니
본받을 염치와 양심 그 누가 따를 소냐

4곡 검소(儉素)

가지가 안방이고 푸른 잎이 지붕이라
비바람 몰아쳐도 가릴 걱정 없거니
검소한 숲속의 건달 너뿐인가 하노라

5곡 신의(信義)

여름철 저물녘엔 어김없이 나타나고
철 바뀌어 서늘하면 말없이 사라지니
거취를 분명히 하여 미덥기도 하여라

6곡 열애(熱愛)

태어나자 땅속에서 긴 세월 견뎌내고

무더운 저물녘에 목숨 걸고 짝을 찾아
그 사랑 하도 뜨거워 장하고 애처롭네

*조선시대 임금이나 세자가 쓴 관(翼善冠, 매미모자)

매미의 일생은 참으로 험난하고 애처롭다. 암컷에는 단단한 산란관이 있어 나무껍질을 뚫고 알을 낳는다. 45일~10개월 또는 그 이상이 걸려 부화된 애벌레는 땅속으로 파고 들어가 나무뿌리의 진을 빨아먹으며 자라다가 2~7년 만에 지상으로 나와 허물을 벗고 성충이 된다고 한다.

그렇게 오랜 인고 끝에 성충이 된 매미는 애처롭게도 겨우 1~3주 동안 살고 죽는다. 우는 매미는 수놈이고, 암놈을 유인하느라 그렇게 처절하게 울어댄다. 수놈이 내는 울음소리를 듣고 찾아온 암놈과 열애를 하고는 미련 없이 생을 마친다. 짝을 찾아간 암놈도 사랑을 하고 나무껍질 속에 알을 낳으면 자기의 소임을 완수했다고 죽어간다. 종족보존을 위해 짜인 자연의 오묘한 섭리이렷다.

그런데 사람은 만물의 영장이랍시고 그 자연의 섭리에 저항이라도 하자는 셈인가. 많은 젊은이들이 결혼을 안 하고, 해도 아기를 안 낳으려 드니 나라의 앞날이 걱정스럽지 않은가.

며칠 전 신문에서 본 기사다. 서울가정법원 이혼조정실 입구에 설치했던 '4인가족상'이 최근 철거돼 창고로 옮겨졌다고 한다. 47년 전에 설치할 때는 엄마와 아빠, 자녀로 구성된 4인 가족이 이상적이었으나 지금은 시대에 맞지 않기 때문이란다. 통계청에 따르면 30년 전에는 4인 가구가 전체 가구의 30%로 우리나라의 '표준모델'이었으나, 2018년 현재로는 17%로 쪼그라들었다. 반면에 당시 9%이던 1인 가구의 수는 29.2%로 가장 많다고 한다. 고령화 사회로 접어들면서 이러한 추세는 더 가속화하리라고 본다.

젊은이는 나날이 줄고, 강아지만 늘어나니 분명 길조는 아닌 성싶다. 나라의 산업은 누가 일구고, 국방은 누가 맡을까. 손바닥만 한 반도가 에워싼 열강 틈에 파묻힌 꼴인데, 외국인 용병이나 강아지 징병이라도 할 셈인가.

답답한 마음에 수매미의 처절한 울음소리라도 다시 듣고 싶어진다.

(2020. 5. 3.)

반가운 청첩장

참으로 오래간만에 받아보는 청첩장이다. 세월이 많이 흘러 집밖 출입에 지팡이 신세를 지는 처지가 되니 결혼청첩장을 받는 일은 거의 없어졌다. 어쩌다 전화로 부음이 전해오기는 하나, 그것도 고등학교 동창들마저 몇 안 남았으니…. 그런데 올봄에 반가운 소식이 전해왔다.

대학에 근무하던 시절 일찍이 사법시험에 합격하여 크게 기대를 걸었던 제자가 장녀를 출가시킨다고. 그동안 그의 동정이 궁금했었는데 명성 있는 법무법인의 대표가 되었으니 그것도 자랑스럽지 않은가. 직원이라며, 청첩장을 보내려고 하니 나의 주소를 알려달라고 해서 핸드폰에 문자를 찍어 보내주었다.

결혼식 날짜는 '2020년 8월 23일 12시'다. 바로 달력에 동그라미를 쳐놓았다. 결혼식장의 광경을 상상하니 가슴마저 설렌다. 홍안 청년이었던 혼주의 모습은 얼마나 변했을까. 신부는 얼마나 예쁘고 신랑은 얼마나 늠름할지.

결혼 선물은 어떻게 할까. 축의금이라고 몇 푼 내놓아야 한데 섞여 그날로 소비될 것이니…. 길이 남을 기념품을 보내주는 편이 좋지 않을까 생각하니 문득 떠오르는 것이 있다. 아버지는 법학 교수가 늙마에 문인으로 변신한 것을 모를 터이니 나의 미수기념 수필집 『어느 결에 팔팔이』를 보여주자. 이 책에는 나의 수필뿐만 아니라 명륜골을 함께 드나들던 성균 가족들의 추억담도 실려 있으니 감회가 새로우리.

신부에게는 더운 여름날 활용하라고 합죽선을 보내주자. 마침 미수기념 모임에서 선물하고 남은 것이 있으니. 내게 수묵화를 가르쳐주신 구암 황영배 화백의 낙관이 찍힌 장미꽃 그림의 작품이다. 그 그림의 여백에다 나도 '축 화혼 경자년'이라 써넣고 낙관까지도 찍었으니 희귀한 미술작품이 된 셈이다.

고대하던 결혼식 날이 가까워 오는데 뜻밖의 소식이 날라들었으니 이를 어쩌랴. 결혼식은 무기 연기하니 다시 연락하겠노라고. 이야말로 청천벽력이 아닌가.

그 누가 코로나19란 바이러스가 이렇게 무섭고 오래갈 줄을 상상이나 했겠는가. 세계보건기구에서 팬데믹 선언을 하고, 우리 방역당국에서도 어찌할 수 없이 사회적 거리두기를 2단계로 격상하였다. 결혼식장에는 40인 이하만 허용되고, 반드시 마스크를 쓰고 2미터 거리로 띄어 앉아야 한다니….

만반의 준비를 했다가 식장 계약을 취소하고 다시 준비를 해야 하는 양가의 어른들에게는 참으로 난감한 일이다. 가장 행복한 날을 손꼽아 기다려온 신랑 신부의 심정을 생각하면 애처롭기 이를 데 없다. 기약도 없는 열병에 온 세상이 들끓고 있으니 누가 누구를 원망하고 누구를 위로하랴. 모두가 협심하여 이 무서운 시련을 지혜롭게 극복하는 수밖에. '이, 또한 지나가리라'는 솔로몬의 명언을 되새기며 다시 마음을 가다듬어 본다.

신랑 신부님! 부디 행복하시길. 모진 시련은 더 큰 힘과 더 많은 복의 원천이 되리라 믿습니다. 양가의 영원한 번영과 신랑 신부의 백년해로를 빌면서.

(2020. 10. 30.)

발길 쫓아 구만리

이철구에 대한 나의 짝사랑은 아직도 식을 줄을 모른다. 노을녘의 내 인생을 바꿔놓았으니 그를 잊을 수가 없다. 십여 년에 걸쳐 지구촌 구석구석을 열심히 따라 다녔다.

그가 '이철구여행'이란 깃발을 내걸고 나섰을 때는 내 가슴도 함께 부풀어 올랐다. 「철구가 날아오른다」는 축시도 지어 꽃다발에 대신했다.

묵은 짐 벗어놓고 깃발까지 올렸거니
어둠을 헤치고 붉은 해 솟구친다
너른 땅 구석구석에 희망 가득 채우리

용왕이며 장승들 일깨우는 연주 솜씨
기쁨을 덖어내는 그 열정 그 마음씀

세상을 달궈내면서 면류관을 쓰리라

세월은 빨라 지난해 가을 창립 10주년 기념행사에도 초청을 받아 하늘 높이 날아오른 모습을 함께 즐기며 추억담의 꽃을 피웠다.

이름 걸고 살림 난 지 어느새 십 년 세월
무릉도원 찾아드는 그 열정 거침없어
뉘라서 쌓은 그 내공 따를 수가 있으랴

먼 나라 금수강산 철 따라 찾아들며
뛰어난 감성으로 만나는 이 홀리거니
그 날개 활짝 펼치고 새 역사를 쓰리라

다가오는 10년에는 날개를 더욱 활짝 펴고 푸른 꿈을 일궈내라고 정성을 모아 빌어보았다. 그런데 경자년 새해가 시련의 해가 될 줄이야 그 누가 상상이나 했더냐. 코로나 재난이 전 세계를 휩쓸었으니 그 누구를 탓할 수도 없지 않은가. 함께 겪는 시련이지만 그중에도 관광여행업계가 가장 심각하리라고 생각하니 이철구 사장의 얼굴부터 떠오른다.

최근에 와서는 국내의 명승지를 개발하여 안내 메일을 보내주니 반가운 일이다. '이, 또한 지나가리라'(This, too, shall pass away)는 솔로몬의 명언을 가슴 깊이 새기고, 열심히 뛰는 자는 끝내 승리의 면류관을 쓰리라 믿는다.

돌이켜보면 내게 돈과 건강과 시간의 여유가 있을 노을녘에 열정의 기름을 부어 준 사람이 바로 '명품 주둥이'의 주인공인 이철구 사장이었으니, 그를 따라 다닌 구만리 길은 더없이 즐겁고 활기찼다. 울릉도 성인봉을 함께 오르고, 멀리는 터키 일주로부터 시작해 바이칼호 탐방, 차마고도, 무이산 천유봉을 올랐고, 장가계의 심산유곡에는 숱한 추억을 남겼다. 특히 팔순의 나이에 야꾸시마(屋久島)의 조몬스기를 보러 장장 10시간의 산행을 감행했던 만용은 잊을 수가 없다.

코로나 난국으로 이철구여행도 해외로는 못 나가고 국내 여행만을 주관하는 판국인데 그나마도 나마저 동참해 주지 못하니 어쩌랴. 가슴이 아프다. 어느 결에 팔팔이 지나고, 다리가 말을 안 들어 발걸음을 같이할 수 없으니 별 도리가 없지 않은가. 고맙게도 꾸준히 보내주는 소식을 클릭하여 일정표를 뒤져보며 상상의 나래를 펴는 것만으로 만족할 수밖에 없으니….

'철구 따라 구만리'가 '발길 좇아 구만리'로 변질되고 말았다. 안타깝다.

(2020. 6. 17.)

생각을 바꾸면

오늘도 34도를 넘나드는 찜통더위가 닥칠 것이라는 일기예보다. 코로나19로 갈 곳도 없고, 미수를 넘기고 보니 다리도 무거워져 어디를 다닐 수도 없다. 매일 '집콕' 신세가 되었다. 오늘은 일요일이라 가까운 '스포타임'마저 휴무이니 답답하기 이를 데 없다. 마침 딸이 찾아와서 바람이라도 쏘이자고 하니 구세주라도 만난 기분으로 따라나섰다. 너무 멀리 나갈 수도 없으니 젊어서 상남 시백을 따라 두어 번 가본 적이 있는 백운호수를 제안했다.

그동안에 도로도 복잡해졌고 호숫가의 풍광도 확 달라졌으니 네비 아니면 찾아올 수도 없지 않은가. 호수를 한 바퀴 돌고 나서 쉴 곳을 찾았다. '범바위'란 간판이 뜨인다. 넓은 베란다에 전망이 좋을 뿐만 아니라 주차공간도 넉넉하니 쉬어가기로 했다.

차를 마시고 호숫가 솔밭의 오솔길을 걷자니 서늘한 바람이 발걸음을 재촉한다. 가족들은 물가를 따라 마련한 산책로를 걷는데 나는 홀로 떨어져서 소나무 그늘의 벤치에서 쉬기로 했다. 바로 벤치 앞에 안내판이 있어 무심코 읽어 보다가 깊은 생각에 빠져들었다.

"많이 힘들어? 고민 있어요? 함께 이야기하면 방법을 찾을 수 있습니다."라며 고민하지 말고 와서 상담을 하란다. 호수를 바라보다 극단적인 일이라도 저지를까 걱정을 한 모양이다. 상담사를 떠올리다가 만약에 내가 상담사라면 무슨 말로 위로해 줄까 생각을 해보았다.

문득 서예전에 응모해서 써보았던 '一切唯心造'란 구절이 떠오른다. 반야심경을 압축한 불교의 기본사상이라고 생각된다. 모든 것은 마음가짐에 달려 있다는 말이니, 사물이나 어떤 상황이던 시각을 조금만 돌려 생각하고 바라본다면 달리 보일 수 있지 않은가.

역지사지하고, 긍정적으로 생각하고, 적극적으로 행동에 옮긴다면 모든 걱정이 쉽게 해소될 수도 있고 세상이 아름다울 수도 있지 않을까.

맨손으로 왔다가 빈손으로 가는 인생
발버둥쳐 보아도 모두가 허사인걸
세상사 마음먹기에 달렸다고 했던가 (2020. 7. 1.)

충격적인 퇴장

1,000만 도시 서울의 시장이 백주에 연락이 두절되었다고 딸이 실종신고를 하였으니, 온 나라가 발칵 뒤집혔다. 밤새워 수색에 들어가 10일 0시 1분쯤 북악산 숙정문 근처에서 시체로 발견되었다. “박 시장의 전직 비서는 8일 오후 서울지방경찰청에 박 시장을 성추행 혐의로 고소하고 피해자 조사를 받았다.”는 뉴스가 보도되니, 씁쓸하기 이를 데 없다.

어려서 배운 글귀가 떠오른다. 수신제가치국평천하(修身齊家治國平天下)라고 했다. 유교 경전인 사서(四書) 중 하나인 『대학(大學)』에 나오는 말로, 몸이 닦여진 후에 집안이 가지런해지고 그 후에 나라가 다스려지고 그다음에 천하가 화평해진다는 뜻이란다. 이를 역으로 보면 나라를 평안하게 다스리려면 집안부터 가지런해야 하고, 집안을 가지런히 하려면 가장부터 스스로 수양을 해야 한다는 것이니, 특히 국가를 경영하는 고위 공직자는 예나 지금이나 명심해야 할 것이다.

그런데 근래에 와서는 사회가 어수선해지고, 특히 국가의 지도자들부터가 수신제가가 안 되는 듯하여 답답하고 안타깝다.

전직 충남 도지사, 부산 시장, 서울 시장이 하필이면 성추문으로 세상을 어지럽히니 누구를 탓해야 할까.

재주 있어 높이 올라 결기 있어 빨리도
믿는 도끼 찍힌 꼴 허둥지둥 시끌벅적
딱하다 말과 행동이 그리도 달라서야

세상을 버렸거늘 산 사람이 아우성
누구 위해 떠벌리나 조용히 보내주지
아쉽다 쌓은 돌탑이 하룻밤 꿈이라니

특히 이번 박 시장의 경박한 처사는 주위의 부적절한 처사와 어울려 많은 논란을 일으키고 있으니 이 또한 누구를 탓할 것인지. 결국은 국민이 각성해서 속지 말고 투표로 바로잡아야 하지 않겠는가.

말과 행동이 일치하지 않으니 언젠가는 심판을 받게 된다. 그가 신망 있는 사람이거나 고위직의 유명인사일수록 충격과 그

파장은 크기 마련이다. 극단적인 행동으로 묻으려 들지 말고, 뒤처리도 엄정하게 해서 이런 비극이 되풀이되지 않고 제2, 제3의 피해자가 나오지 않기를 바란다.

(2020. 7. 11.)

작가연보

海巖 이범찬

학력

1941. 3~1946. 7. 여흥초등학교

1946. 9~1951. 10. 여주농업중학교

1951. 10~1952. 3. 여주농업고등학교

1952. 4~1953. 3. 서울대학교 농과대학 부치 중등농업교사양성소

1953. 4~1960. 3. 서울대학교 법과대학

1958. 4~1960. 3. 서울대학교 대학원(법학석사)

1975. 2. 동국대학교 대학원에서 법학박사학위 취득

1980. 7~1981. 7. 미국 Columbia University에서 회사법 연구(객원교수)

1992. 8~1993. 2. 일본 리쯔메이칸대학에서 회사법 연구(객원교수)

경력

1953. 7. 27 제대(육특(丙) 160호, 육군 이등병, 군번 0787751)

1960. 4~1961. 3. 국민대학 강사

1961. 4~1961. 8. 국민대학 전임강사

1962. 3~1964. 2. 국민대학 강사

1963. 11~1966. 2. 이화여자대학교 법정대학 전임강사

1975. 3~1975. 7. 이화여자대학교 법정대학 교수

1975. 7~1998. 8 성균관대학교 법과대학 교수

1984. 3~1988. 1. 성균관대학교 법과대학 학장

1988. 2～1990. 2. 한국상사법학회 회장

1998. 8. 31. 성균관대학교 법과대학 정년퇴임, 국민훈장 석류장

1998. 9. 1~ 현재 성균관대학교 법과대학 명예교수

1999. 4. 1~ 2007. 3. 31. (일본)나고야경제대학 교수

2005. 8. 『수필문학』으로 등단(수필), 수필문학추천작가회 회원

2007. 1. 20. 한국수필문학가협회 이사

2007. 4. 1~ 2009. 3. 31. (일본)나고야경제대학 객원교수(전임)

2007. 4. 1~ 현재 (일본)나고야경제대학 명예교수

2007. 12. 한국문인협회 회원

2008. 6. 『문학시대』로 등단(시), 문학시대시회 회원

2008. 11. 문학의 집·서울 회원

2012. 9. 제8회 원종린수필문학상(작품상) 수상

2016. 6. 제6회 월산문학상 수상

2018. 4. 제16회 대한민국서예문인화대전에서 문인화 부문 입선

2018. 8. 제15회 한국추사서예대전에서 문인화 부문 입선

2019. 6. 제17회 대한민국서예문인화대전에서 문인화 부문 삼체상 수상

2019. 8. 제16회 한국추사서예대전에서 문인화 부문 입선

2020. 5. 28.~2022. 4. 30. 서울대학교 법과대학 동창회 제38대 상임이사

2020. 11. 5.~ 대한민국 6·25참전유공자회 서울시지부 서초구지회 운영위원

해암 이범찬 교수의 연구실적

(저서)

1965. 5. 상공인의 상업법규 | 향문사

1966. 9. 상법예해(상) (서돈각·이범찬 공저) | 법통사

1970. 5. 경영자(차낙훈·이범찬 외 4인 공저 | 신영출판사

1972. 6. 상법예해(하) (서돈각·이범찬 공저) | 국민서관

1973. 5. 상법강의(하) | 국민서관

1976. 6. 주식회사감사제도론 | 법문사

1978. 9. 신공업소유권법 (이범찬·이수웅 공저) | 지학사

1979. 4 상법강의 | 국민서관

1982. 5. 객관식 상법요해 | 삼영사

1984. 3. 상법개정안해설(손주찬·이범찬 외 4인 공저) | 삼영사

1984. 4. 개정상법해설(손주찬·이범찬 외 4인 공저) | 삼영사

1984. 9. 체계상법판례집3-1(이범찬·임홍근·김헌무 공편) | 삼지원

1988. 12. 예해상법 상권 | 국민서관

1989. 1. 주식회사의 감사제도 | 한국상장회사협의회

1989. 6. 주석상법(Ⅱ-하)(손주찬·이범찬 외 4인 공저) | 한구사법행정학회

1990. 5. 대학교육:사회과학분야(이돈희·이범찬 외 12인 공저) | 대왕사

1993. 2 체계상법판례집 3-1, 3-2, 3-3 (이범찬·임홍근·김헌무 공편) | 성균관대학교법학연구소

1994. 10. 韓國會社法論(日本) | 晃洋書房

1995. 5. 상법개정안해설(손주찬·이범찬 외 6인 공저) | 법문사

1996. 2. 〔제6판〕 상법요해 | 삼영사

1997. 2. 주식회사의 감사제도(이범찬·오욱환 공저) | 상장회사협의회

1997. 2. 〔제4판〕 상법개론(이범찬·최준선 공저) | 삼영사

1997. 8. 상법(하) (이범찬·최준선 공저) | 삼영사

1997. 12. 〔제7판〕 상법요해 | 삼영사

1998. 9. 현대주식회사의 기관구조(이범찬·염정의 공저) | 삼지원

1998. 12. 회사법의 제문제 | 삼지원

1998. 12. 해암의 자화상 | 삼지원

1999. 7. 주석 상법(Ⅲ)[회사법(2)](손주찬·이범찬 외 4인 공저)
| 한국사법행정학회

2001. 2. [제7판] 상법개론(이범찬·최준선 공저) | 삼영사

2001. 8. [제3판] 상법 (하)(이범찬·최준선 공저) | 삼영사

2001. 11. 한국회사법(이범찬·임충희·김지환 공저) | 삼영사

2002. 7. [제3판] 상법 (상)(이범찬·최준선 공저) | 삼영사

2003. 4. [第2版] 比較企業法講義(日本語版) | 三知院

2003. 4. [제4판] 주석 상법 [회사(Ⅲ)] (손주찬·이범찬 외 5인 공저)
| 한국사법행정학회

2003. 10. [제11판] 상법요해 (이범찬·김지환 공저) | 삼영사

2004. 5. 韓國會社法講義(日本語版) | 三知院

2004. 7. 韓國法概說(日本語版)(李範燦·吳旭煥·金知煥 共著) | 三知院

2006. 4. 기행문집 『지구촌의 여정』 | 교음사

2007. 4. 수필집 『원숭이 목각』 | 교음사

2008. 7. 시집 『바닷바위의 노래』 | 마을

2008. 12. 大韓民國法概說(日本語版)(李範燦·石井文廣 共編著) 成文堂

2009. 7. 시집 『시클라멘을 마주하고 앉으면』 | 마을

2010. 2. 수필집 『늙마의 외도』 | 소소리

2010. 10. 시조집 『가을로 가는 나들이 노래』 | 마을

2011. 11. 시조집 『노을력을 달구며』 | 마을

2012. 8. 기행문집 『발길 따라 물길 따라』 | 소소리

2013. 6. 시조집 『푸른 동산』 | 마을

2014. 9. 수필집 『어차피 가는 길을』 | 소소리

2015. 5. 시조집 『바람 따라 구만리』 | 마을

2016. 1. 기행문집 『낯선 땅을 찾아』 | 소소리

2016. 5. 편지모음 『늦깎이 글집의 자국들』 | 소소리

2017. 3. 수필집 『들판을 달리며』 | 소소리

2017. 6. 시조집 『길손의 노래』 | 마을

2017. 9. 편지모음 『내 글집의 자국들』 | 소소리

2017. 12. 수필선집 『발자국을 돌아보며』 | 소소리

2018. 2. 『제2판 회사법』(이범찬 · 임충희 · 이영종 · 김지환 공저) | 삼영사

2018. 4. 회고록 『송암의 자화상』 | 소소리

2019. 2. 시조집 『산마루를 오르며』 | 마을

2019. 10. 수필집 『어느 결에 팔팔이』 | 소소리

2020. 1. 회고록 『해암문학관』 | 소소리

2020. 6. 시선집 『돌아본 들판길』 | 소소리

2021. 7. 시조집 『인연의 메아리』 | 마을

2021. 8. 수필집 『나그네의 가을걷이』 | 교음사

(번역서)

1961. 6. 법의 새로운 길(고병국·이범찬 공역)
(Roscoe Pound, New Path of the Law) | 법문사

1986. 3. 현대상사법의 과제(이범찬·최준선 공역)
(Clive M. Schmitthoff, Commercial Law in a Changing Economic Climate) | 성균관대학교출판부

이범찬 수필집

나그네의 가을걷이

2021년 8월 20일 초판 인쇄
2021년 8월 25일 초판 발행

지은이 / 이범찬

발행인 / 강병욱
발행처 / 도서출판 교음사
편 집 / 隨筆文學社 出版部

03147 서울 종로구 삼일대로 457 수운회관 1308호
Tel (02) 737-7081, 739-7879(Fax)
e-mail : gyoeum@daum.net

등록 / 제2007-000052호

* 잘못된 책은 바꿔 드립니다. 값 13,000원

ISBN 978-89-7814-832-0 03810